本书由成都大学 文明互鉴与"一带一路"研究中心资助出版

员工持股计划实施动机及后果研究

郭范勇 著

成都大学文明互鉴与『一带一路』研究中心学术丛书

杨玉华 主编

中国社会科学出版社

图书在版编目（CIP）数据

员工持股计划实施动机及后果研究 / 郭范勇著.
北京：中国社会科学出版社，2024.10. -- （成都大学文明互鉴与"一带一路"研究中心学术丛书）. -- ISBN 978-7-5227-4186-4

Ⅰ．F279.241

中国国家版本馆 CIP 数据核字第 20241FX418 号

出 版 人	赵剑英
责任编辑	党旺旺
责任校对	王　潇
责任印制	张雪娇

出　　版	中国社会科学出版社
社　　址	北京鼓楼西大街甲 158 号
邮　　编	100720
网　　址	http://www.csspw.cn
发 行 部	010-84083685
门 市 部	010-84029450
经　　销	新华书店及其他书店
印　　刷	北京明恒达印务有限公司
装　　订	廊坊市广阳区广增装订厂
版　　次	2024 年 10 月第 1 版
印　　次	2024 年 10 月第 1 次印刷
开　　本	710×1000　1/16
印　　张	12.5
插　　页	2
字　　数	162 千字
定　　价	78.00 元

凡购买中国社会科学出版社图书，如有质量问题请与本社营销中心联系调换
电话：010-84083683
版权所有　侵权必究

成都大学文明互鉴与"一带一路"研究中心学术丛书编辑委员会

顾　　问	曹顺庆　项　楚　谢桃坊　何一民
	张　法　王兆鹏　姚乐野　曾　明
主　　任	刘　强　王清远
副 主 任	杨玉华
委　　员	王　川　潘殊闲　谭筱玲　罗文军
	袁联波　张　起　代显华　李　敏
	马　胜　张学梅　魏红翎　诸　丹
	刘晓萍　周翔宇
主　　编	杨玉华
副 主 编	周翔宇　魏红翎
秘　　书	李天鹏　黄毓芸　翁士洋

成都大学文明互鉴与"一带一路"研究中心学术丛书总序

杨玉华

习近平总书记指出,"文明因交流而多彩,文明因互鉴而丰富"。"文明互鉴"是构建人类命运共同体的人文基础,是增进各国人民友谊的桥梁,是维护世界和平与推动人类社会进步的动力,而"一带一路"则是文明互鉴的重要路线、渠道和阵地。尤其是在时逢"百年未有之大变局"的今天,在多元文化碰撞、交流日益密切的时代语境下,实施"一带一路"倡议,促成各国文明、文化的交流、互鉴、共存,以消除不同文明圈之间的隔阂、误解、偏见,对于推动国家整体对外交往及中华优秀文化的传承、传播、创新,建构"美美与共、和而不同"的全球性文明,乃至建构人类命运共同体都具有紧迫的现实意义和深远的历史意义。

成都是一座具有4500年文明史、2300多年建城史的城市,是中国首批24座历史文化名城之一,有着悠久厚重的历史文化积淀,创造过丰富灿烂的文明成就,形成了"创新创造、优雅时尚、乐观包容、友善公益"的天府文化精神。成都又是"南方丝绸之路"的起点,从古蜀时代开始,就形成了文化交流、互鉴的优良传统,留下了文明互鉴、互通的千古佳话。作为"一带一路"节点城市、"南方丝绸之路"起点城市,成都在新时代建构人类命运共同体的文明互鉴与"一带一路"倡议中占有重要地位,扮演着重要角色。必当趁势而上、大有作为。

成都大学是一所年轻而又古老的学校,其校名可追溯到1926年以张澜先生为首任校长的"国立成都大学"。虽然1931年后即并入国立四川大学,但却取得了骄人的成绩,不仅居四川三大学(国立成都大学、国立成都师大、公立四川大学)之首,而且在全国教育部备案的21所国立大学中,也名列第七。并且先后有吴虞、吴芳吉、李劼人、卢前、伍非百、龚道耕、赵少咸、蒙文通、魏时珍、周太玄等著名教授在此任教。因此,成都大学乃是一所人文底蕴深厚、以文科特色见长的高校。即便从通常所认为的1978年建校算起,也仍然产生了白敦仁、钟树梁、谢宇衡、常崇宜、曾永成"五老",并且都是以传统的文史学科见长的教授。成都大学作为成都市属唯一的全日制本科院校,理应成为成都文明互鉴、对外交往、文化建设以及提升国际化水平的重镇和高地。

站在新的历史起点上,成都大学在实施"五四一"发展战略,实现其高水平快速可持续发展的进程中,如何接续其深厚人文传统,再现文科历史荣光,建成成都文化传承发展创新高地,在成都世界文化名城及"三城""三都"建设中,擘画成大方案、提供成大智慧、贡献成大力量,就成了成大人的光荣使命和重大责任,因此,加强与兄弟院校的合作,特别是依托四川大学的高水平学术平台、师资、项目,借智借力,培育人才,建设学科,积累成果,不断发展壮大成都大学的人文社会科学,就成了不二选择。

正是在这样的背景下,成都大学进一步强化拓展与四川大学的合作,在其"中华多民族文化凝聚与全球传播省部共建协同创新中心"

下成立"成都大学文明互鉴与'一带一路'研究分中心"（以下简称"中心"）。"中心"以中华多民族优秀传统文化研究的学科体系、学术体系和话语体系建构为基础，旨在为促成中华优秀传统文化与多元文化对话、互鉴及未来的创新发展而搭建支撑平台、凝聚社会共识、建立情感纽带，指导引领成都大学文科高水平建设和高质量发展。"中心"立足西南、心系天下，充分发挥成都作为"一带一路"节点城市、"南方丝绸之路"起点城市的独特优势，以学术研究为依托，以理论研究、平台构建、学科培育、人才培养、智库建设为抓手，积极参与构建当代中国国家文化，就文明互鉴、"一带一路"倡议、中华优秀传统文化的传承、传播、创新做出实质性的贡献。

要实现上述目标，需要搞好顶层设计，精心编制中长期规划，汇聚和培育一支高水平人才队伍，立足成都大学人文社科的现实基础和优势，久久为功，集腋成裘，推出一批高水平的标志性研究成果，充分彰显学术创新力，逐渐提高"中心"的影响力。因此，编撰出版"成都大学文明互鉴与'一带一路'研究中心学术丛书"就成了重点工作和当务之急。

"成都大学文明互鉴与'一带一路'研究中心学术丛书"每年从成都大学人文社科教师专著中遴选，并全额资助出版。每年一辑，一辑 8 种左右（以当年申请且通过中心学术委员会评审者而定）。开始几辑不分学科系列，待出版的专著积累到一定数量或每年申请资助出版专著数目较多时，方按学科类别分为几个系列。如天府文化系列丛书、成都大学学术文库、重点优势学科研究系列丛书（如古典学、文艺学、比较文学等）。资助出版的著作为专著、译著、古籍整理（点校、注疏、选注等），以创新性、学术性、影响力为入选标准。力求通过 10 年的持续努力，出版 80 部左右学术著作，使"丛书"在学界产生较大的规模效应和影响力，成为展示成都悠久厚重历史文化积淀、中国人文社科西部重镇丰硕成果的"窗口"和成都大学深厚人文传统、雄厚社科实力和丰硕"大文科"建设成就的一张靓丽名片。合抱之木，起于毫末。百年成大，再铸辉煌！但愿学界同仁都来爱护"丛书"这株新苗，在大家精心浇灌壅培下，使之茁壮成长为参天大树！

2021 年 11 月 6 日

于成都濯锦江畔澡雪斋

目录

第一章 导论 1
  第一节 员工持股计划相关概念及制度背景 3
  第二节 主要贡献 6

第二章 文献综述与理论分析 8
  第一节 员工持股相关理论分析与文献综述 8
  第二节 利益侵占相关文献综述 18

第三章 控股股东股权质押与员工持股计划 21
  第一节 理论分析与研究假设 23
  第二节 数据说明和研究设计 31
  第三节 实证结果及分析 39
  第四节 进一步研究 56
  第五节 本章小结 65

第四章　员工持股计划与大股东减持 ······ 67
第一节　理论分析与研究假设 ······ 69
第二节　数据说明与研究设计 ······ 77
第三节　实证结果及分析 ······ 87
第四节　进一步研究 ······ 109
第五节　稳健性检验 ······ 113
第六节　本章小结 ······ 124

第五章　员工持股计划对公司价值的影响 ······ 127
第一节　理论分析与研究假设 ······ 129
第二节　研究设计 ······ 134
第三节　实证结果及分析 ······ 144
第四节　进一步研究 ······ 158
第五节　本章小结 ······ 163

第六章　总结与展望 ······ 165
第一节　主要结论 ······ 165
第二节　政策建议 ······ 167
第三节　研究展望 ······ 169

参考文献 ······ 171

后　记 ······ 190

第一章 导论

目前，全球经济贸易环境正在发生深刻的变化，我国企业在经贸环境和科技创新等方面面临严峻挑战，迫切需要提高自身的创新能力和竞争力，通过实现产业升级来应对这些挑战。有研究表明，员工持股在一定程度上能够有效地促进企业创新能力的提升（Chang 等，2015；孟庆斌等，2019；周冬华等，2019）。现实中，华为作为一家员工持股实施效果较好的公司，其创始人兼总裁任正非先生曾经写道："我创建公司时就设计了员工持股制度，希望能通过利益分享，团结起员工。我那时候仅凭自己过去的人生挫折，感悟到要与员工分担责任、分享利益。"我们可以从这段话中看出他认为实施员工持股计划对公司发展是非常重要的。除了实业公司在积极地推行员工持股计划外，金融机构也希望通过实施员工持股计划来激励员工努力工作。2020 年 7 月，我国证券监督管理部门就发布了通知，鼓励证券公司以及基金公司等金融机构通过各种形式来推行员工持股计划。

监管层最初希望上市公司推出员工持股计划（ESOPs）的核心目的是激励员工，进而提高上市公司创新能力，建立和完善劳动者与所有者的利益共享机制，提高职工凝聚力和公司竞争力。理论上，上市公司实施 ESOPs 是为了激励员工努力工作从而提升公司价值。但目前

ESOPs开始逐渐偏离了其激励员工的初衷,时常有报道曝出ESOPs出现大面积亏损,出现大量员工"套牢"的现象。2014年至2019年2月底,还有485家上市公司的ESOPs存在持仓股票,其中有340家出现浮亏,浮亏比例高达70%。在市场中,歌尔股份(002241)、南洋股份(00221)、楚江新材(002171)、索菲亚(002572)、英飞拓(002528)等公司大股东就被曝出利用ESOPs利好消息进行高位减持股票;东方海洋(002086)的实际控制人在股票全部质押后利用ESOPs向市场传递积极信号来维持股价,防止股价下跌导致平仓风险。以南洋股份为例,公司实际控制人在ESOPs宣告日后的近一年时间内累计减持15次,减持股票总额高达5.4亿元,同时,在这一年内公司的ESOPs出现了大幅浮亏。通常来说,员工持股被认为是调动员工积极性、提升企业价值的重要手段;但从目前的现实情况看,它的实施效果并不尽如人意。

从现有文献来看,国内外研究者从公司出于缓解融资约束、抵御恶意收购以及税收优惠等目的推行ESOPs,以及实施ESOPs对公司创新、公司短期财富效应、生产效率以及公司价值的影响等方面进行了比较丰富的研究。但是,较少有文献进一步分析内部大股东是否会利用ESOPs的短期利好消息进行利益侵占。比如,大股东是否会利用实施ESOPs来"掩护"自己减持股票?存在股权质押的控股股东是否会利用ESOPs来维持股价,避免股价触及股权质押的预警线或者平仓线,以降低其控制权转移风险?此外,现有研究很少有从长期的角度对ESOPs是否为股东创造了财富以及ESOPs主要通过何种渠道机制影响公司价值等问题做出具体的回答。本书试图完善上市公司实施ESOPs的动机,并对ESOPs实施的价值创造效应进行分析,希望对我国ESOPs的实施动机和经济后果做一个较为系统和全面的分析。本书有助于完善相关监管制度,避免重蹈我国早期ESOPs的覆辙(Meng等,

2011），防止严重扰乱证券市场正常秩序的现象出现；同时，还可以为更科学地设计员工持股计划带来有益启示。

因此，本书主要利用 2014—2018 年 ESOPs 公告数据对员工持股计划实施的动机和经济后果进行了较为全面的考察。首先，采用倾向得分匹配（PSM）方法分析了上市公司控股股东股权质押及其股权质押规模对 ESOPs 实施的影响，考察了公司控股股东是否存在利用 ESOPs 对中小股东进行利益侵占的动机。其次，利用 ESOPs 与大股东减持股票数据的合并数据集，再根据倾向得分匹配法（PSM）和倍差法（DID）对 ESOPs 的短期财富效应和大股东减持股票行为问题进行研究；分析了公司大股东是否利用 ESOPs 的短期财富效应增加其减持股票规模为自己获取利益，从而产生对公司中小股东利益侵占的行为。最后，在分析了上市公司推行 ESOPs 的非激励动机后，本书进一步从公司股票长期持有收益以及公司价值的角度考察了 ESOPs 的实施效果。

第一节 员工持股计划相关概念及制度背景

员工持股计划（Employee Stock Ownership Plans，ESOPs）（下文根据表述需要用"员工持股计划"或"ESOPs"）是指员工通过自筹资金或者其他融资渠道获得资金，然后购入公司股票并委托专门机构管理股票，最终根据其持有的股票比例分享公司利润的一种激励和监督机制。它是一种让员工持有其所在公司的股票来激励员工努力工作的方式，同时，也使企业剩余收益成为员工报酬的一部分。早在 20 世纪 70 年代石油危机时期，得益于美国政府为复苏经济而大力推崇这一制度，ESOPs 逐步成型并快速发展。随后，业界和学术界对这一制度展开了一系列广泛的研究。在美国和欧洲等发达国家和地区，员工持股已经形成了比较成熟的制度安排，其理论和实践经验也都比较丰富，其中以美国的 ESOPs 最为流行。

我国在 20 世纪 80 年代开始启动的员工持股初步探索就参考并借鉴了 ESOPs 制度。随后经历了试点、推广、规范、不断完善四个阶段，在 2004 年被认为达到了较为规范的水平。自 1992 年员工持股制度盛行至 2004 年，由于国家发改委不断出台各种管理规范对员工持股暴露出的各种寻租行为进行限制，上市公司内部员工持股占比一直处于下降趋势（王晋斌，2005）。到 2005 年 12 月 31 日，我国证券监督管理委员会颁布了针对上市公司的《上市公司股权激励管理办法（试行）》。该管理办法中对限制性股票和股票期权等具体股权激励办法和定义等予以界定。2004—2013 年，员工持股计划可以说一直是不温不火。

直到 2013 年 11 月党的十八届三中全会通过了《中共中央关于全面深化改革若干重大问题的决定》，指出要推进混合所有制经济改革。2014 年 6 月，我国证券监督管理委员会发布了《关于上市公司实施员工持股计划试点的指导意见》（以下简称《指导意见》），鼓励上市公司积极推行 ESOPs，并对员工持股的持股期限、股票来源和资金来源以及员工持股计划的管理和监管等内容提出较为明确的要求。目前，我国现有法规对 ESOPs 与股权激励计划并没有做完全明确的定义和区分。根据现有的政策文件，"员工持股"与"股权激励"这两个概念各有侧重，但也并不是完全对立或者平行的。从员工股权激励的对象来看，可以进一步分为管理层股权激励和普通员工股权激励。根据现有政策描述与研究文献，我们将侧重于管理层股权激励的制度称为股权激励计划；将侧重于更广泛普通员工股权激励的制度称为员工持股计划。就本书来说，主要的研究对象是员工持股计划。

从 2014 年证监会发布《指导意见》后，应该可以认为我国的员工持股计划进入了一个新时期。黄群慧等（2014）认为《指导意见》克服了早期员工持股的一些问题，具有一定的进步意义，但是仍然有部分政策需要明确。员工持股计划的初衷是通过让员工长期持有其所在公司股票，将员工利益与公司价值绑定，使得员工与股东具有相对一致的利益，从而愿意为公司的长远发展付出更多努力，以达到提升公司价值的效果。然而，从《指导意见》中的各项要求和目前上市公司已实施的情况来看，我国ESOPs与国外ESOPs的一些关键制度设计和实践情况还存在较大区别。表1-1对中国、美国及西欧主要国家的员工持股计划制度设计进行了对比分析。

表1-1　　　　　　　中外员工持股计划对比分析

对比项	中国	美国	西欧主要国家
员工参与度	员工自愿参加	一般要求全部员工参加	员工参与度高且参与公司管理
资金来源	员工薪酬及自筹资金为主	企业年金及退休金等公司资金	公司注资或员工工资
持股期限	不得低于12个月（以非公开发行作为股票来源的不低于36个月），期满后可自行处理	通常只有员工在辞职或者退休后才能出售其持有的员工持股计划相应股票	员工在认购了企业的股份之后若干年内不允许流通和转让（通常规定为5年及以上）
税收优惠	暂无相应减税政策	有相应减税政策	有相应减税政策

资料来源：笔者自行整理。

根据表1-1可知，国内外的ESOPs在员工参与度、资金来源、持股期限以及税收优惠政策上都有很大的不同。美国的ESOPs与企业员工的退休金以及企业年金这些长期资金是挂钩的，能够长期有效地激励员工；而且美国政府实施了一系列为ESOPs配套的税收优惠政策。西欧国家的员工持股计划总体上与美国的ESOPs是相对一致的。相比国外ESOPs的制度安排和实践，中国监管当局对ESOPs的持股期限要求较低；同时，我国的员工持股计划资金来源主要是员工薪酬及自筹资金，这就为大股东侵占包括员工在内的中小股东的利益提供了可能性。

同时，2014年也是我国经济新常态的开始，我国的人口老龄化问题日渐突出，低成本年轻劳动力开始减少，人口红利消失，经济增长开始从高速增长转变为中高速增长。为适应经济新形势的变化，过去那种以低成本要素驱动为主的"中国制造"型经济亟须向能提供更高价值的"中国创造"型经济转型。也就是说，我国以后的经济增长将在更大程度上依赖人力资本提高与技术进步来实现，创新将成为推动国家发展的新动能。随后的2017年，各大城市相继出台了以吸引人才、留住人才为核心要义的"抢人大战"政策；员工持股计划预期发挥的作用与这一政策想要达到的效果是相当契合的。员工持股计划作为一种替代性薪酬形式使得员工可以分享企业经营性利润；同时，它还可以使得公司的一部分控制权转移到员工手中，让部分员工以"主人翁"的身份参与公司决策，这有助于激励员工更努力地工作，通过增加劳动生产率来提高企业价值。这也提高了员工对公司的认同感和忠诚度，让员工对公司的经营管理以及同其他公司的竞争更感兴趣，有助于形成公司特有的人力资本并激励员工创新，通过增加全要素生产效率来提高公司价值。

第二节　主要贡献

本书的主要贡献包括以下几个方面。

第一，从研究视角上看，国内外已有文献研究了员工持股计划的各种实施动因和经济后果，但是针对员工持股计划的研究还很少，且从公司大股东对中小股东利益侵占的角度来分析员工持股计划的研究更少。与西方主要发达国家股权分散的市场特征不同，我国上市公司呈现的是股权集中的特点，大股东机会主义行为带来的第二类代理问题更加盛行和突出。本书以中国资本市场为大背景，从第二类委托代理的视角出发，将员工持股计划与控股股东股权质押和大股东减持股票等行为联系起来，从而丰富了员工持股制度相关研究文献，拓宽了对第二类委托代理问题的研究视角。

第二，从研究方法上看，目前关于员工持股计划的文献中，很多研究仅使用发行过 ESOPs 的公司作为样本公司，没有深入探讨实施 ESOPs 的公司和没有实施 ESOPs 的公司之间的区别；且大部分研究文献也都没有考虑内生性问题。本书结合双重差分法、倾向得分匹配法以及"准自然实验"等实证方法对员工持股计划的实施动机以及经济后果进行了因果推断，可以为今后的相关研究分析提供一些新的研究设计方法。

第三，从研究内容和结果上看，通过分析员工持股计划被上市公司大股东用于市值管理和减持套利等额外目的，拓展了对大股东减持与股权质押等相关文献的研究。此外，本书还考察了员工持股计划是否能够提升上市公司股票的长期持有收益，并从生产效率和投资效率两个角度分析了员工持股计划不能显著提高公司价值的渠道路径。总之，本书论证了上市公司的部分利益相关者利用公司控制权优势攫取短期收益；这种基于非激励动机的员工持股在很大程度上也就很难为公司创造价值。本书对我国员工持股计划的实施动机和经济后果做了较为系统和全面的探索，有助于完善我国上市公司的相关监管制度。

第二章 文献综述与理论分析

第一节 员工持股相关理论分析与文献综述

一 员工持股相关理论分析

(一) 双因素理论

20世纪50年代，经济学家凯尔索（Kelso）通过对资本主义企业制度的观察和分析，发现：资本主义在创造出无穷多财富奇迹的同时带来了更大的经济不公平，这会对资本主义国家社会稳定带来潜在的威胁。在资本主义国家的企业中，企业员工整体来说只能从其劳动中获得报酬，几乎不可能从企业发展中获得利润分配。此后，Kelso受到"大众持股"思想以及《共产党宣言》的影响，提出了所谓的"双因素经济论"（Two Factor Theory）。Kelso在该理论中提到资本主义的财富是由劳动和资本这两个主要因素共同创造的。然而，随着资本主义经济的快速发展，资本要素在分配中的作用日益增强，财富也向其所有者集中，使得劳动所有者与资本所有者之间的贫富差距进一步变大。

根据双因素经济论，Kelso发展出了员工持股计划（ESOPs），希望能建立起使资本主义所有权分散的新机制。这就使得劳动所有者有机会分享其所在企业的利润，可以激励劳动者更加努力地工作，也缩小了资本主义国家的贫富差距，避免资本主义国家陷入贫困的泥潭。他认为，如果作为大多数的员工能够分享到其所在企业的利润，将会大大地缩小社会贫富差距，有利于资本主义国家的长远利益。该思想与魏茨曼（Weitzman）提出的分享经济理论有异曲同工之妙。分享经济理论旨在解决资本主义社会的滞涨问题，该理论建议劳动所得应该由固定的基本工资和企业利润分享两部分组成。

（二）人力资本产权理论

20 世纪 60 年代，经济学家舒尔茨（Schultz）认为人是影响经济发展的核心要素，只有劳动者质量的提升才能真正地带来经济发展。随后，他将资本分为物质资本和人力资本。在经济学中，产权配置问题一直是最具争议的一个问题。从本质上说，公司治理就是关于企业产权配置的问题，它最终目的就是通过合理地分配公司的剩余索取权和控制权来保证其决策效率（杨瑞龙和周业安，1998）。Alehian 和 Demsetz（1972）认为"团队生产"理论可以解决生产过程中要素所有者的"搭便车"和"偷懒"行为，他们认为应该将企业的剩余索取权给予企业的"监督者"，这是对这些监督者的激励，能够提高企业的效率，一般企业的监督者为企业的出资人。该理论发挥作用的主要渠道有两种：一种是监督，另一种是市场竞争。但是监督方式会形成无限循环，每一层都需要监督；而通过市场竞争来替代过于懒惰而低效的队员后，新队员也会陷入无尽监督的问题。总之，该理论认为通过向监督者提供剩余索取权可以解决上述问题。此后，不完全契约理论提出了"剩余控制权"的概念（Grossman 和 Hart，1986；Hart 和 Moore，1990）。该理论认为剩余控制权天然地应该配置给资本所有者（因为资本是企业投资过程中不可或缺的一部分）。在资本作为稀缺资源的时代，通过将剩余控制权配置给非人力资本所有者能够起到激励作用，有利于企业的建立且能够降低资产专用性投资不足的问题。

但是，无论企业的物质资本有多少，最后都需要人力来发挥其功能，从而为企业创造价值。特别地，目前我们进入了知识经济时代，人才开始成为稀缺资源，比如知识产权的保护就是其中一种表现。而在企业层面，表现为技术入股，这就带来了公司性质的变化，进一步带来了公司治理结构、公司融资方式和所有权结构（Ownership）的变化。这也是符合马克思科学技术生产力会决定社会生产关系的观点。到了20世纪90年代中后期，根据利益相关者理论，玛格丽特·布莱尔提出了专门投资论，开始将人力资本理论引入企业层面进行分析，也开始从人力资本角度探究公司治理以及企业本质等相关问题。该理论认为员工在一家公司长期工作就会形成一些重要的特殊技能，同时也会为公司带来更高的生产力和价值。其实，员工的这些特殊技能也是一种人力资本投资，这些专用性很强的技能也使得员工承担着更大的风险。

随后，国内外一些学者也对"物质资本控制权"提出了不同的看法，并从人力资本角度对企业性质进行研究。Rajan 和 Zingales（1998）以及 Zingales（2000）就对企业为物资资产集合（Collection of Assets）的观点提出了疑问。他们认为企业性质已经发生了改变；企业应该是由物质资本和人力资本等要素共同组成的一个集合。在这些学者看来，当今社会中，人力资本逐渐成为稀缺资源，人力资本所有者有权授予别人"进入权"，用以保障其专有投资。杨瑞龙和周业安（1997）、方竹兰（1997）以及崔之元（1996）等借鉴国外经验认为许多利益相关者在企业运营过程中都有过专用性资产投资（当然也包括人力资本投资），这些主体都面临被"敲竹杠"（hold-up）的风险；因此，他们都应该获得企业的剩余索取权和控制权。徐光华等（2006）也针对人力资本参与企业剩余收益分配模式问题进行了探讨。总体来说，产权制度结构应该与资源的相对稀缺程度相适应，应该由相对稀缺要素的所有者享有剩余索取权和控制权。此外，我们还需要国家制定相应的法律法规来保护稀缺资源的产权，特别是人力资本的产权。否则，同样会导致人力资本专有资产投资不足，不利于国家整体创新能力的提升。

从经济学的角度看，上述人力资本产权理论为企业实施员工持股计划（ESOPs）提供了一个坚实的理论基础。将剩余索取权作为激励员工的一种手段，可以提高企业的整体管理效率。所以，通过员工持股可以让企业的发展与员工的自身利益趋于一致，激励员工更加努力地工作，从而为企业创造更大的价值，是一个多赢的局面。

二 员工持股相关文献综述

员工持股计划作为一项替代性的薪酬制度，创建了一种将员工的薪酬与公司的股价表现挂钩的激励机制，促使公司员工与股东追求的目标更加一致，理论上可以大大缓解员工与股东间的委托代理问题，从而能够有效提升公司的长期绩效和价值。由于我国与西方国家的员工持股制度在发展时期和背景上都有较大的不同，对员工持股制度的研究重点也就有所区别；但重点都还是从员工股权激励的实施动机与经济结果两方面进行分析。

（一）国内有关员工持股的文献综述

国内有关员工股权激励的研究主要是针对股权激励计划（付强等，2019；程新生和赵旸，2019；戴璐和宋迪，2018；许婷和杨建君，2017；陈效东等，2016；吕长江和张海平，2012；苏冬蔚和林大庞，2010）；而针对员工持股计划的研究还不是很多，主要的研究可以分为两大类。

第一类主要是针对员工持股计划的定性研究，主要包括：员工持股计划存在的问题、可行性研究以及国外 ESOPs 的经验教训，然后再从制度设计的角度提出政策建议。员工持股计划的定性研究主要发生在 20 世纪末到 21 世纪初，因为当时数据量较少且不太规范，不易采用定量的实证分析。张小宁（2001）通过逻辑分析得出员工持股能改进企业生产效率。张小宁（2003）对比多种企业激励制度后提出：我国主要需要防止股权激励的不规范做法。赵立新（2000）认为员工持股能够帮助公司有效地构建现代企业制度，还可以帮助解决我国国有企业的产权问题（剧锦文，2000）。通过对国外 ESOPs 的相关理论的总结与对比分析（杨欢亮，2003），一些学者（王晋斌，2005）认为过去不规范的政策导致员工持股制度在我国实施效果不理想，也导致了 ESOPs 成为一种短期福利措施，而没能够发挥长期激励作用。韩玉玲（2007）和杨欢亮（2004）对比分析国外员工持股计划实践经验以后，从制定和完善国家立法的角度出发，对我国今后实施员工持股计划提出了一些建设性意见。针对我国 2014 年以后的员工持股制度，黄群慧等（2014）从理论上得出：ESOPs 同时具有激励作用和公司治理效应；所以，我们需要同时研究 ESOPs 对员工的激励作用以及其对完善公司治理的制度效应。廖红伟和杨良平（2017）以及朱振鑫和栾稀（2018）分别从从交易成本理论和未来发展方的角度向对我国国企改革中的员工持股问题进行了分析。黄速建和余菁（2015）通过实践案例的调查研究，对中国实施员工持股计划给出了一些实践建议。沈昊和杨梅英（2019）通过案例分析得出：高速成长的公司实施员工持股能够显著提升公司绩效；而成熟公司实施员工持股计划对公司绩效影响效果不显著。

第二类主要是关于员工持股计划的实证研究，可以进一步细分为实施员工持股计划的动机以及员工持股计划带来的经济后果。陈运佳等（2020）从上市公司市值管理的角度研究了 ESOPs 的实施动机，他们发现：在公司股价出现崩盘后，大股东机会主义行为会促使其更有动机推出 ESOPs。郝永亮等（2019）从上市公司限售股解禁的角度分析了其实施 ESOPs 的动机，研究发现：公司限售股解禁与其未来实施 ESOPs 有显著的正向关系，即上市公司实施 ESOPs 是大股东为了满足其减持的自利动机。除了上述研究分析实施 ESOPs 的动机外，上市公司自身的其他特征，比如：公司成长性以及高技术人员占比（宋芳秀和柳林，2018）或者企业面临的融资约束状况（孙即等，2017）等都会对 ESOPs 的实施产生影响。对于员工持股计划带来的经济后果的研究主要包括：宣告效应（章卫东等，2016；呼建光和毛志宏，2016；蒋运冰和苏亮瑜，2016；王砾等，2017；孙即等，2017）、企业绩效（黄桂田和张悦，2009；张小宁，2002）以及创新产出（孟庆斌等，2019；曹玉珊和陈力维，2019）等方面。

通过对我国现有文献的分析，几乎所有的研究结果都表明员工持股计划具有短期的正向宣告效应。对于员工持股计划产生的激励作用，黄桂田和张悦（2009）以及张小宁（2002）认为员工持股有利于促进提高企业的长期绩效；但他们都是使用的横截面数据，不能准确分析 ESOPs 对企业长期绩效的影响。孟庆斌等（2019）以及曹玉珊和陈力维（2019）分别从公司管理层之外的普通员工角度和员工人才专业性的角度分析了员工持股对公司创新能力的影响，他们都发现：ESOPs 能够显著地提升公司的创新产出。周冬华等（2019）认为 ESOPs 能够降低企业代理成本并提高企业风险，进而能够提升企业的创新能力。王烨等（2019）认为员工持股计划与大股东监督之间存在替代效应，即发现了员工持股能够发挥监督作用。沈红波等（2018）从股权性质差异的角度分析了员工持股计划，研究得出：国有性质上市企业在实施 ESOPs 以后，其公司治理结构的改善效果并没有民营上市企业那么显著。

(二) 国外有关员工持股的文献综述

国外有关于员工持股的研究主要也包括经济后果和实施动因两个方面。国外文献研究表明对员工进行股权激励可以降低员工离职率（Sengupta 等，2007），提高员工工作满意度（Buchko，1993），提升企业生产效率（Jones 和 Kato，1993；Kumbhakar 和 Dunbar，1993；Blasi 等，1996；Sesil 等，2002；Cin 和 Smith，2002；Pendleton 和 Robinson，2010；Sesil 和 Lin，2011），减少工作人员流动（Blasi 等，2016；Sengupta 等，2007）和旷工（Brown 等，1999），有利于员工之间的合作（Weitzman 和 Kruse，1990），也有利于企业创新（Chang 等，2015）。综上所述，员工股权激励可以有效地协调员工和雇主之间的利益（Pendleton，2010a）。因此，理论上企业实施员工持股应当能为企业带来正向的异常收益，并能够在一定程度上提升公司价值。

Chang 和 Mayers（1992）找到了授予员工股份的公司通过增加管理层投票权间接增加公司价值的证据；但这仅适用于高管和董事最初控制权在 10%—20% 的情形。Park 和 Song（1995）从长期效应的视角研究了企业实施 ESOPs 的经济效果，发现 ESOPs 能够显著地带来企业长期绩效的提升。此外，还有一部分文献从员工持股计划的税收效应角度说明员工持股计划对公司的影响（Beatty，1995；Babenko 等，2011）。他们认为，由于一些专门针对员工持股计划税后优惠条款的存在，ESOPs 能够通过税收节省来增加公司现金流，从而带来公司价值的提升。利用事件研究法，已有研究发现企业在宣布 ESOPs 公告后确实能够带来正向的宣告效应（Chang，1990）。

但是，也有文献认为 ESOPs 对公司绩效和价值没有影响或者带来负向影响。Meng 等（2011）和 Fang 等（2015）分别用 1992 年和 2006 年的中国员工持股数据进行检验，发现施行员工持股与不施行员工持股对企业的长期价值创造并没有显著的影响，但后者发现员工持股能够在一定程度上提高企业的短期收益。Hochberg 和 Lindsey（2010）认为大规模的员工持股反而可能导致公司员工之间出现"搭便车"现象，从而很难真正地实现激励员工的目的。Faleye 等（2006）也认为公司治理中长期存在的劳工话语权会使股东价值、销售增长和就业创造显著下降；这是因为它会阻碍公司资本支出、研发支出和高风险投资。因而，从目前的文献来看，员工持股计划实施对公司价值的影响也就产生了两种相互"矛盾"的结论。

此之外，与员工持股经济后果相关的研究还包括：员工持股能够增加企业信息透明度（Bova 等，2015a）和降低企业未来的风险程度（Bova 等，2015b）。Fauver 和 Fuerst（2006）利用德国的研究数据发现，明智地使用劳动代表可以增加企业的市场价值，企业内部对协调的需求越大，治理有效性的潜在改善就越大。Harbaugh（2005）从理论上论证了员工持股可以通过工会与企业的讨价还价能力有效解决就业不足和就业效率过低的问题。Ginglinger 等（2011）根据法国特殊的董事选举制度进行研究发现，由公司员工股东选举董事能够在一定程度上对其价值和业绩产生正向影响，但是对其股利支付政策没有显著影响。

关于员工持股计划实施动机方面的研究，现有文献将其总结为激励动机和非激励动机两大类（Kim 和 Ouimet，2014）。

首先，激励动机通常是指员工持股能够激励员工努力工作（Kalmi 等，2005；Hales 等，2015），鼓励员工积极地将时间投入与企业发展密切相关的知识领域（Zabojnik，2014），进而达到提升公司业绩和价值的目的（Jones 和 Kato，1995）。然而并不是所有员工持股计划的实施都是出于激励动机，从而对公司产生正向的收益和价值。比如，大量国外文献（Gordon 和 Pound，1990；Beatty，1995；Chaplinsky 和 Niehaus，1994；Core 和 Mehran，1998；Kim 和 Ouimet，2014）讨论了企业如何利用员工持股计划进行收购防御。较统一的结论是：对于没有受到收购威胁的公司，市场对它们实施员工持股计划的反应为正；但对于受到收购威胁的公司，市场对它们实施员工持股计划的反应为负（Cole 和 Mehran，1998）。Gordon 和 Pound（1990）在研究员工持股计划对股东财富的影响时指出，财富效应的方向取决于员工持股计划是否真被作为旨在最大化公司价值的长期商业战略。使用无表决权的股票设立的员工持股计划以及不影响公司控制权的员工持股计划增加了股东财富，相反，那些用于抵御恶意收购、防止转移控制权的员工持股计划造成了股票价值的下降。

其次，企业也可能出于融资约束或者为了减少资金支出等非激励动因而实施员工持股制度，这种动机可能会影响公司的收益（Beatty，1995）。Core 和 Guay（2001）分析了影响企业实施员工持股计划的因素，发现当公司面临更多资本需求或面临融资约束时，更偏好实施员工持股计划。Babenko 等（2011）认为员工的股票期权可以为公司提供融资，能够为公司投资提供一定的资金来源。更有甚者，Oyer（2004）通过理论模型表明：代理理论经常被忽视的参与约束可能是薪酬方案的重要决定因素，致使 ESOPs 可能成为公司让员工一起分担风险的手段，并不一定能产生激励员工的效果。

由于员工持股计划的有效实施取决于员工的参与（通常是自愿的），因此了解员工参与员工持股计划的个人动机也很重要。现有部分研究主要通过考察年龄、性别、受教育程度、任期和收入等个人层面的特征（Brickley 和 Hevert，1991；Babenko 和 Sen，2014；Pendleton，2010a；Pendleton，2010b）来分析影响员工持股实施的因素。还有研究从公司属性的角度来分析员工参与员工持股计划的决定因素。这些研究表明：拥有较多劳动力的公司（Rousseau 和 Shperling，2003）和业绩较差的公司（Jones 和 Kato，1993）更有可能实施员工持股计划。

同样地，公司过去的股票表现（Caramelli 和 Carberry，2014）、公司关于员工持股的交流沟通（Klein，1987；Klein 和 Hall，1988）以及公司的组织制度（Oehmichen 等，2018）都会影响员工参与员工持股计划的决定。

此外，Ahrens 等（2018）研究结果显示，外籍员工参与员工持股计划的情况会影响外国子公司员工参与员工持股计划的意愿。这表明外籍员工可以成为促进员工持股计划成功实施的一种机制。Ittner 等（2003）和 Oyer 和 Schaefer（2005）的研究结论认为，公司授予员工股权是为了留住员工。总体来说，目前关于什么因素影响员工参与持股计划的决定，仍然存在一些有待解决的问题（Pendleton，2010a）。

（三）员工持股研究现状评述与分析

综上所述，我国目前针对员工持股制度在宏观领域进行了定性分析；在微观层面，分别从员工持股计划的市场公告反应、对员工产生的激励作用、对企业绩效以及企业创新的影响等角度进行定量研究。这些研究成果在一定程度上补充和拓展了我国的员工持股理论，在实践中能够为员工持股提供一些指导。但这些研究还存在一些不足，比如：利用事件分析法研究员工持股计划的公告效应，这是一种短期收益，较少有研究考察长期收益；大多数研究样本仅使用了实施 ESOPs 的公司样本，没有探讨实施 ESOPs 公司和不实施 ESOPs 公司之间的区别，存在样本选择偏误等问题，不能做出合理的因果推断。此外，上市公司实施员工持股计划应该存在多种动机，但是目前很少有文献讨论我国员工持股计划背后的动因。对于利益侵占问题，已有研究提到了经理层通过设定很低的员工股票期权执行条件，从而侵占股东的利益实现财富转移，或者直接实行员工持股计划会导致国有资产流失问题（王晋斌，2005；黄群慧等，2014）；而现实中，还有可能是公司大股东利用员工持股计划的信号作用，通过减持和其他途径对公司员工的利益进行侵占。总之，以上研究均没有对"员工持股是否创造了价值以及为谁带来了价值"的问题做出较为全面的回答。

国外相关研究分析了员工持股对企业价值和绩效产生的影响，同时也研究了实施员工持股计划背后的动机。国外学者不仅仅从公司属性的角度考察了员工持股计划实施的决定因素，而且从员工自身利益动机角度分析了他们为什么决定参加员工持股计划。总体来说，国外对于员工持股制度的研究成果已经非常丰富了，但是关于员工持股计划是否为公司创造了价值依然没有统一的定论。此外，国外有关于员工持股的研究绝大多数是将以美国为主的发达国家的数据作为样本。这些国家的公司股权结构与我国有很大不同，它们的企业股权结构相对分散，第二类代理问题不是很严重。所以，国外还没有文献对大股东是否利用员工持股计划对包括员工在内的中小股东实施利益侵占等相关问题进行研究。

第二节 利益侵占相关文献综述

在19世纪以前，大部分的企业主都同时拥有企业的所有权与经营权，这就不会存在目前公司制企业所谓的委托代理问题。随着经济的进一步发展，企业中出现了两权分离，直到1932年，Berle和Means从理论上提出了企业的两权分离会导致企业股东与经理人之间利益不一致问题，此后经济学家开始对该问题进行深入的研究。由于企业所有者（委托人）与经营者（代理人）的目标不一致，企业所有者与经营者在效用函数以及行为方式上就很难保持一致。经营者会利用信息优势采取追求自身利益最大化的行为决策，从而会损害企业所有者以及公司的利益，出现委托代理问题。委托代理问题是现代公司治理的重要组成部分，其涵盖范围包括公司内部各成员。通常地，我们将所有权与经营权分离产生的股东与经理人之间的利益冲突称为第一类代理问题。

然而，La Porta 等（1999）利用27个经济体的企业数据发现，很多经济体都存在大股东持股现象，也就会出现大股东侵占中小股东利益的现象。我们通常称这种发生在大股东与中小股东之间的代理问题为第二类委托代理问题。La Porta 等（1998）研究表明，大陆法系（civil law）国家的公司法对中小股东的保护力度不如英美法系（common law）国家。而我国刚好就属于大陆法系国家，且中小投资者的法律保护不足，所以大股东侵占中小股东利益的违法成本偏低，这为大股东侵占中小股东利益的行为提供了外部条件，也更容易出现第二类委托代理问题。

在具体侵占形式上，Claessens 等（2000）通过对2980个东亚的企业样本的研究发现，东亚国家的很多公司通过金字塔结构和交叉持股，实现了公司的投票权（控制权）超过现金流权。因此，大股东有动机将底层公司的资金或者利润转移到更高层公司，从而对底层上市公司的中小股东实施隧道挖掘行为（Johnson 等，2000）。Claessens 等（2002）使用1301个东亚国家上市公司样本发现，公司价值与控股股东的现金流权之间成正向关系，但公司价值与"现金流和控制权之间的差异"成负向关系；这两种不同的效应通常被称为"利益协同效应"和"堑壕效应"。Bertrand 和 Mullainathan（2002）也发现：控股股东的"控制权（投票权）和所有权（现金流权）的分离"为控股股东剥夺少数股东权益提供了动机和机会。这种分离常出现在金字塔、交叉持股、二元股权这三种公司所有权结构中。以一个典型的金字塔控股结构为例，投资者持有 A 公司 a 份股份，A 公司拥有 B 公司 b 份股份，B 公司拥有 D 公司 d 份股份。所以，该投资者对 D 公司的控制权比例为 min（a，b，d），对 D 公司的所有权比例为 a×b×d。显然，该投资者对 D 公司的控制权和所有权通常是不相等的，这使得一个公司的所有者尽管只持有另一个公司较小的现金流权，却可以对其行使重要的控制权，这就会导致所谓的"两权分离"。

Cheung 等（2006）则直接使用香港联合交易所上市公司 1998—2000 年披露的关联交易数据证实，关联交易公告让企业获得了显著负的超额收益。当公司进行关联交易时，小股东会遭受重大损失。在特殊情况下，控股股东通过对外部股东的利益侵占，甚至可以从给公司带来负回报的项目中获得高回报。对于中国大陆上市公司，Jiang 等（2010）利用 1996—2004 年沪深两市数据证实，我国上市公司存在控股大股东侵占中小股东利益的问题。刘少波和马超（2016）以及侯青川等（2017）分别从经理人异质性和放松卖空管制的角度研究了如何有效地对大股东的利益侵占行为进行抑制。

与以美国为代表的部分西方国家分散的股权结构不同，我国上市公司呈现的是股权集中的特点，大股东机会主义行为的第二类代理问题比第一类代理问题更加盛行和突出。在实施员工持股计划以后，持股员工就具有了"员工＋股东"的双重身份，公司大股东是否会利用员工持股计划侵占包括员工在内的所有中小股东的利益，这是一个值得研究的问题。从这个角度来看，员工持股可以为第二类委托代理问题提供新的研究视角和素材，也可以丰富委托—代理理论的研究内容。

第三章　控股股东股权质押与员工持股计划

控股股东股权质押是指公司控股股东将其拥有的股权作为质押标的从金融机构获得资金的一种融资方式。2013年5月24日，中国证券监督管理委员会、上海证券交易所和中国证券登记结算有限公司颁布了《股票质押式回购交易及登记结算业务办法(试行)》[①]，该办法规定：允许证券公司参与股权质押活动。此后，我国上市公司大股东（含控股股东）股权质押交易规模越来越大，股权质押也越来越受到业界和学术界的关注。2014—2018年，控股股东股权质押的比例逐年增加，而在2017年度将近一半的上市公司控股股东存在股权质押现象。

股权质押的好处是能让质押股东在保留公司股票现金流权和投票权的同时获得信贷融资。虽然股权质押是控股股东维持其投票权的良好策略，但他们如果将相当大比例的股权用于股权质押，可能会面临失去上市公司控制权的风险。因为2006年股权分置改革后，质押股票的价值以市场价格为基础，股价成为决定股权质押平仓线的关键。当股价下跌到一定程度后，存在股权质押的股东将会收到贷款机构追缴

[①] 最新的版本为《股票质押式回购交易及登记结算业务办法（2018年修订）》

保证金的通知；如果质押股东不能满足追加保证金的要求，债权人就有权在市场上抛售股票，大规模抛售公司股票会导致股价的螺旋式下跌和市值缩水。这就可能加剧公司股价崩盘风险，进而导致控股股东失去上市公司的控制权。为了防止公司控制权转移，公司控股大股东有动机通过市值管理手段来维持公司股价稳定，比如：东方海洋（002086）的实际控制人就在股票全部质押后利用员工持股计划向市场传递积极信号来维持股价，防止公司股价下跌从而引发平仓风险。[①] 通常来说，上市公司的控股大股东很少对外披露其行为决策；所以，考察控股股东股权质押行为可以为研究其行为决策提供一个很好的契机。

本章将使用2014—2018年员工持股计划公告数据和控股股东股权质押数据对员工持股计划推出的动因和效果进行全方位的考察，主要研究控股股东股权质押行为对上市公司员工持股计划推出的影响。进一步研究中，本章还将分析实施员工持股计划这一市值管理的措施是否能够降低上市公司股价崩盘风险，从而实现缓解股权质押控股股东控制权转移风险的目的。实证研究发现：第一，存在控股股东股权质押的公司更倾向于宣告实施员工持股计划；而且其控股股东股权质押的规模越大，上市企业越倾向于宣告实施员工持股计划。第二，股权质押与员工持股计划之间的正向显著关系只出现在非国有企业中；而对于国有企业来说，这两者之间的显著关系并不存在。第三，上市公司内部股东之间的股权制衡和公司外部治理都能够缓解控股股东利用员工持股计划来侵占包括员工在内的中小股东利益的情况；同时，员工持股计划的实施确实能够降低持股计划预案宣告当期公司股价崩盘的风险。

本章研究有以下几个方面的贡献：首先，发现了实施员工持股计

---

① 数据来源于同花顺（Ifind）数据库。

划的新动机，从而丰富了员工持股计划实施动机的文献。过去大量国外文献仅仅讨论了企业如何利用员工持股计划进行收购防御（Gordon 和 Pound，1990；Core 和 Mehran，1998；Kim 和 Ouimet；2014）以及获取外部融资（Beatty，1995），从而会产生负向收益并且降低企业的业绩，还没有文献从控股股东股权质押的角度讨论实施员工持股计划的动机。其次，丰富了控股股东股权质押经济后果方面的有关文献，而目前有关于这类研究的文献还比较少（谢德仁等，2016）。最后，本章从"谁是员工持股计划受益者"的角度回答了"为什么员工持股计划往往难以达到制度最初设计的目的"这个问题，论证了员工持股计划失效的核心障碍是：利益相关者利用信息优势和公司控制能力攫取短期收益，从而破坏了员工和雇主之间的利益一致性。这一结果可以为完善我国上市公司相关监管制度提供有益的参考，具有一定的现实意义。

本章剩余部分的结构安排如下：第一节通过对员工持股计划和股权质押进行理论分析，提出研究假设；第二节为本章研究设计，主要包括数据说明、模型设定以及样本匹配；第三节为主要实证结果与分析；第四节进一步研究了公司治理结构对上市公司推行员工持股计划的影响以及存在控股股东股权质押的上市公司是否能够通过员工持股计划缓解公司股价崩盘风险；第五节为本章的小结部分。

第一节 理论分析与研究假设

一 理论分析

股权质押是指符合条件的资金借入方以其所持有的股权作为质押，可以向资金借出方获得融资，并约定在未来某个时间返还资金、解除质押的交易。股权质押的优势在于能让质押股东在保留公司股票现金流权和投票权的同时满足自身的资金需求。我国1995年颁布的《中华人民共和国担保法》明确指出，质押行为属于担保的一种形式；因而，股权质押作为权利质押的一种形式，它可以随时按照相关规定获得质押融资。不过在2013年之前，我国股权质押市场主要的参与主体为银行和信托公司等金融机构。通常来说，与银行和信托公司相比，证券公司要求的利率更低，对贷款的使用限制更少，而且批准交易的速度更快。所以，2013年5月，证监会等相关部门发布《股票质押式回购交易及登记结算业务办法（试行）》并允许证券公司根据股票质押情况向借款人提供融资后，我国上市公司大股东股权质押交易规模越来越大。

股权质押的运作方式通常如下：当出质人启动贷款并向质权人提供公司股票时，质权人根据股票在公开市场交易的价格设定参考价格，并向质押股票分配预付款。一般来说，出质人将获得相当于每笔质押股票交易价值30%—50%的贷款。此外，当借款人更新其股权质押时，贷款人可以根据新的参考价格提供新的合同。在质押期间，借款人须维持一定的保证金水平，即出质人必须确保质押股份的价值至少是贷款本金的一定比例。根据股票的风险和波动性，维持保证金（预警线）通常为130%—160%。换句话说，在价格大幅下跌引发追加保证金通知的情况下，出质人必须偿还其债务或向贷款人抵押更多的股份。如果出质人不能履行保证金催缴义务，质权人有权出售被质押的股份；在极端情况下，控股股东可能会失去其对公司的控制权。

在股权质押过程中，如果上市公司（出质人）股价出现过度波动，会给金融机构（质权方）带来很大风险。因而质权方对股权质押业务都采取盯市制，随时关注质押股票的风险。质权方的风险控制委员会通常为股权质押业务的最高决策机构，该委员会不仅对证券质押业务的证券质押率、融资利率、单客户单一质押证券占其总股本比例以及单客户累计融资金额的分级审批权限等进行审定，而且也会对质押方的风险进行评估。在市场中，股权质押协议包含了维持义务，如果上市公司股价跌至维持价以下，质押方需要提供补充质押股份或提前付款。此外，如果市场中大量质押的股权出现问题，也会给整个市场带来系统性的风险；因此，根据2006年12月中国证券监督管理委员会颁布的《上市公司信息披露管理办法》，要求上市公司报告大股东（控股股东以及持股比例超过5%的其他股东）的股权质押交易情况，以便随时监督。综上所述，股权质押协议是在质权方"监视"下以及监管部门要求下强制执行的。

根据代理理论框架（Jensen和Meckling，1976），存在股权质押的控股股东出于自身利益的考虑，有强烈的动机敦促高管提高股价，以降低追加保证金通知的风险，尽管这样可能会牺牲外部中小股东的利益。为了吸引公司高管参与提振股价的活动，内部控股股东甚至有动机向高管发放利益，例如：降低高管的薪酬业绩敏感性（Ouyang等，2019）。从表面上看，股权质押是控股股东的个人行为，上市企业的资产负债表保持不变，股权质押不应该对企业产生任何影响。然而，在实践中，股权质押会驱使内部控股大股东改变他们的行为以保护他们的所有权和控制权。比如：Ouyang等（2019）研究得出：与不存在股权质押的公司相比，存在股权质押的公司的高管津贴消费更高，证实了"共谋"假说。从法律上讲，内部控股大股东仍然拥有这些质押股票；因此，它不会改变企业的股权结构，控股股东的所有权与控制权依然完整。从上述分析可知，虽然股权质押没有改变企业的股权结构和所有权，但它却带来了控股股东两权的进一步分离，从而会改变内部控股大股东的行为，使控股股东与中小股东之间的第二类代理问题更加严重（Lee和Yeh，2004）。

我国自从2013年允许证券公司向股权质押方提供融资以来，股权质押问题在国内的研究越来越多。已有研究认为股权质押会增加控股股东对上市公司的"掏空"，从而降低公司价值（Lee和Yeh，2004；郑国坚等，2014）。Dou等（2019）利用外部减少质押的监管变化，证明了股权质押会增加公司股价崩盘风险和降低企业风险承担水平。最终，股权质押虽然能够减轻内部股东的流动性约束，但对外部股东的财富会产生负面影响，这说明股权质押是大股东对中小股东的一种利益侵占行为。股权质押增加了出质人的财务杠杆，从而增加了追加保证金通知或强制甩卖的潜在风险。由于这些潜在风险，出质人对股价会变得更加敏感。来自股市的压力会刺激控股股东的短视行为，从而导致股票长期回报更差，损害企业价值（DeJong等，2019）。此外，Wang和Chou（2018）认为股权质押的规则同样会影响公司价值。李常青等（2018）则利用中国数据发现，上市公司存在控股股东股权质押会显著降低其公司的创新投入。但是，也有研究认为，股权质押能够提升公司价值。Li等（2019）认为，股权质押向市场发出存在质押的大股东对公司股价未来可持续性的积极信号；所以第一大股东股权质押与公司价值之间存在正向关系。此外，存在抵押股票股东为了保护私人利益，有动机让公司"谨慎行事"，这抑制了企业的冒险行为，提高了高风险项目的投资效率。股权质押通过为大股东创造避免股价下跌的激励机制，协调了大股东与小股东的利益，从而提升了公司的价值（Meng等，2019）。根据Huang和Xue（2016）的发现，股东选择质押股票的一个原因是，他们认为当前的股票被低估了。这些公司的股东可能对他们的未来更有信心，并相信他们有能力使其平稳发展；因此，股权质押公司的市场表现优于其他公司。

根据已有研究可知：对于内部控股股东来说，主要有两类动机促使其进行股权质押。其一，发展动机，部分控股股东希望通过股权质押获得融资来继续发展企业，提升企业价值。其二，投机动机，部分控股股东为了保持自身控制权收益，不会减持其所有的全部公司股票，而是会进行部分股权质押融资来满足自身需求。内部控股股东出于投机目的而进行股权质押，可以被视为控股大股东以牺牲其他股东利益为代价侵占公司资源的一种手段（Chan等，2018）；此时，控股股东也就有动机通过不断释放利好消息维持股价，以免补交保证金。如果股权出质人不满足追加保证金的要求，金融机构就会在市场上抛售股票。大规模抛售会导致股价的螺旋式下跌和市值缩水。这不但会加剧公司股价崩盘风险，还可能使控股股东失去公司的控制权。根据我国相关法规，上市公司大股东如果在股权质押到期时不能偿还所借款项，质权方有权将大股东所质押的股票出售以强制偿还所借款项；若出售后仍然不足以偿还所借款项，需要质押方补足剩下款项。所以，大股东在股权质押后会面临很大的控制权转移风险和个人财富损失风险，这也为大股东通过市值管理的手段维护股价提供了足够的动力。同时，公司控股大股东有能力影响公司各方面的决策，比如：通过一些市值管理手段来降低公司股价崩盘风险（谢德仁等，2016）。这是因为控股大股东股权质押以后并没有将公司的控制权一起转移给质权人，按照《中华人民共和国担保法》，股权质押登记只是记载股权出质的事实情况，不会变更控股大股东的控制权，也不会影响其控股股东的地位。

二 研究假设

现有研究从企业股票回购、盈余管理、上市公司"高送转"和业绩预告披露等方面（Chan等，2018；钱爱民和张晨宇，2018；黄登仕等，2018；宋岩和宋爽，2019；李常青和幸伟，2017）分析了控股大股东存在股权质押情况下的利益动机行为。Chan 等（2018）研究得出：股权质押公司比非股权质押公司更有可能进行股票回购。在公司股权质押之后，内部人员更有可能操作企业活动以保护其所有权，例如进行更多的盈余管理、囤积坏消息或回购股票，以提振股价，避免追加保证金。钱爱民和张晨宇（2018）利用大股东股权质押数据分析了公司信息披露策略问题。他们发现，上市公司大股东在股权质押期间会采取一些利己的风险规避披露策略，包括及时发布好消息以及隐匿坏消息等。黄登仕等（2018）从控股股东股权质押的角度研究了上市企业"高送转"背后的利益动机，得出：控股股东在股权质押后更倾向于进行"高送转"，而且当股价下跌时，这种正向关系更为显著。这表明存在股权质押的控股股东会利用利好消息来抬升股价。当存在股权质押的上市公司面临股价崩盘风险和控制权转移风险时，控股股东绝对不会坐以待毙，它们会通过股权激励这种市值管理的手段来化解这些风险（宋岩和宋爽，2019）。李常青和幸伟（2017）利用我国上市公司公告数据研究发现，它们会利用信息披露这种市值管理的方式来提高股价，避免控股股东的质押股票出现"爆仓"问题。总体来说，由于 IPO 在中国很难获得批准，上市公司本身就是融资的宝贵资源。对于存在股权质押的上市公司大股东来说，无论是为了利用后续股票继续融资还是为了降低自己的控制权转移风险，都有很强的动机进行市值管理，维持公司股价的稳定。

然而，本章认为，相对于内部控股股东采用信息披露操纵、盈余管理、股票回购等市值管理手段来说，采用员工持股计划这种市值管理方法似乎更有优势。具体原因包括：首先，员工持股计划实施成本低，易于操作，也不涉及违规风险。[①] 其次，大部分研究表明 ESOPs 具

---

① 约75%的员工持股计划是通过公开市场售卖授予员工的，该方式具有无须证监会行政审批且锁定期短等特点。

有明显的短期财富效应，能够显著地提高公司的股价，从而实现控股大股东的目的。最后，员工持股计划作为一种薪酬福利政策，其实施的各方面条件比较宽松，很多上市企业都能满足实施员工持股计划的要求。此外，为了吸引公司高管人员帮助股东参与提振股价的活动，股东可以通过员工持股计划向高管发放利益，使得股东和高管的利益均与公司股价挂钩。综合以上分析，员工持股计划的这些特征对于存在股权质押的控股股东来说是非常具有吸引力的。因此，本章提出以下假设。

假设 H1：在控制其他因素影响的情况下，相对于不存在控股股东股权质押的公司而言，存在控股股东股权质押的公司更倾向于宣布实施员工持股计划。

当然，控股股东股权质押的规模对员工持股计划实施的概率肯定也有影响。当控股股东质押的股票数量越多，意味着这些控股股东越缺少资金，而且这些控股大股东也没有更多股票继续质押，股价下跌对其带来的股价崩盘风险和控制权转移风险更大。这些控股股东为了防止控制权转移和利益受损，将会更有动机进行市值管理。廖珂等（2018）和黄登仕等（2018）也发现，控股股东质押股份比例越高以及质押股票数量越大，其面临强行平仓的风险也越大，公司也就越可能使用"高送转"这一市值管理手段来拉抬股价。所以，本章提出以下假设。

假设 H2：在控制其他因素影响的情况下，上市公司控股大股东股权质押的规模越大，该公司越倾向于宣布实施员工持股计划。

从上市公司股权性质来看，对于国有控股的上市公司来说，为了防范国有资产流失，国家相关部委针对国有企业会采取一些特殊的安排，用以规范国有企业股东的各种行为。在 2001 年 10 月，我国财政部就发布了《财政部关于上市公司国有股质押有关问题的通知》这一针对规范国有上市公司股权质押的文件。从相关制度安排来看，该通知就非国有上市企业与国有上市企业的股权质押做了不同的规定，并且就国有上市公司股权质押的相关问题给出了非常详细的说明。① 这会对存在控股股东股权质押的国有企业在实施员工持股计划时产生不同程度的影响。根据该通知中有关于国有性质上市公司的制度安排来看，政府对其监管更为严格，而且当国有上市公司股价跌至平仓线时，政府也会也同质权人一起通过协商的方式处理，不会直接将股票过户给质权人，更不会让质权人将国有股权在市场上随意处置。

首先，国有上市企业与政府具有一定的政治关联性；而且国有控股上市公司天然地具有软预算优势（祝继高和陆正飞，2011）。王斌等（2013）认为，民营企业相对于国有企业来说，面临更为严重的融资约束，使得其更愿意利用股权质押来获得融资。其次，我国国有控股上市企业主要面临的是第一类委托代理问题，国有性质上市企业的管理层没有最终所有权，他们通过实施员工持股计划来维持股价以及缓解股价崩盘的激励不足。最后，对于非国有企业的管理层来说，如果上市公司控股大股东因为股权质押强行平仓导致了控制权发生转移，他们很大概率要面临失去工作的风险，而且还会对其声誉产生很大的影响。因此，非国有上市企业相对于国有上市企业来说会更有动力利用员工持股计划来维持股价以及缓解股价崩盘风险，以降低上市公司出现控制权转移的风险。综上所述，本章提出以下假设。

假设 H3：在控制其他因素影响的情况下，相对于国有企业而言，非国有企业在控股股东股权质押后更倾向于宣布实施员工持股计划。

---

① 比如，该通知规定国有股东授权代表单位用于质押的国有股股份数量不得超过其所持该上市公司国有股总额的50%；如果国有股东授权代表单位不能按时清偿债务，应当按照法律和法规规定的方式和程序将国有股变现后清偿，不得将国有股直接过户到债权人名下。

第二节 数据说明和研究设计

一 数据来源与说明

本章选取 2014—2018 年沪深证券交易所的 A 股上市公司为初始样本。在此基础上，对样本公司做以下惯例处理：剔除金融行业上市公司、ST 以及 PT 类公司以及相关数据缺失的公司样本。此外，针对员工持股计划公告数据，本章进一步剔除了最终取消或停止实施的样本公司，且对于同一年发布多次员工持股计划的公司仅保留第一条公告记录。最终得到 3062 家公司对应的 13465 个公司—年度观测值。为了控制一些极端观测值的影响，本章对所有的连续变量进行了 1%—99% 的 Winsor 处理。本章所使用数据来源：员工持股计划公告数据和股权质押数据来自 WIND 数据库，再根据巨潮资讯数据库公告数据补充收集整理，上市公司其他财务数据来自 CSMAR 数据库。

二 模型设定和变量定义

（一）模型设定

为了研究存在控股股东股权质押的上市公司是否具有更大动机利用员工持股计划来进行市值管理以维持公司股价，本章设计以下回归模型对该问题进行检验：

$$\Pr(ESOP_{i,t} = 1) = \alpha + \beta Pledge_{i,t-1} + \gamma Control_{i,t-1} + ind + Year + \varepsilon_{i,t}$$

(3-1)

其中，i 和 t 分别代表所有公司及年份，被解释变量 $ESOP$ 表示该公司该年度是否宣布实施员工持股计划的虚拟变量，解释变量 $Pledge$ 表示公司控股股东的股权质押情况。$Year$ 为年度哑变量，ind

为公司所在的行业哑变量，分别用来控制时间固定效应和行业固定效应。为了检验假设H1，本章使用公司控股股东是否有股份被质押或冻结或托管（Pledge_d）作为解释变量。对于假设H2中的股权质押规模，本章分别使用控股股东质押股票数量占整个上市公司总股数的比例（Pledge_a）和被质押股票数量占自身持有该公司股票的比例（Pledge_r）来衡量。$Controls_{i,t-1}$表示控制变量集合，为减轻因反向因果等引起的内生性，所有控制变量均滞后一期，$\varepsilon_{i,t}$表示随机扰动项，在回归时本章采用了基于个体聚类的稳健标准误。借鉴已有研究文献（陈运佳等，2020；王砾等，2017）结论，本章选取公司规模（SIZE）、总资产收益率（ROA）、股权集中度（BIGR）、财务杠杆（LEV）、机构持股比例（INSTO）、上市年数对数（AGE）、营业收入增长率（SGR）、本科及以上学历员工占比（EDU）作为控制变量。因为控股股东股权质押与员工持股计划可能受到一些遗漏变量的影响，从而导致虚拟相关的内生性问题，本章还将采用固定效应模型来缓解内生性问题（Zhang等，2014）。

（二）变量计算

对于股价崩盘风险，本章节借鉴用Chen等（2001）、谢德仁等（2016）的方法，以收益负偏度（DCSKEW）和涨跌波动比率（DUVOL）衡量，收益负偏度越大，涨跌波动比率越大，就意味着股价崩盘风险越高。本章将使用个股周收益率数据计算这两个用于度量股价崩盘风险的变量。具体计算过程如下：

步骤1：利用CAPM模型拟合个股周收益率与周市场回报率得到各期的回归系数。

$$R_{i,t} = \alpha_i + \beta_{1i}R_{m,t-2} + \beta_{2i}R_{m,t-1} + \beta_{3i}R_{m,t} + \beta_{4i}R_{m,t+1} + \beta_{5i}R_{m,t+2} + \varepsilon_{i,t}$$

(3-2)

其中，$R_{i,t}$表示考虑现金红利再投资的周个股回报率，$R_{m,t-2}$、

$R_{m,t-1}$、$R_{m,t}$、$R_{m,t+1}$ 和 $R_{m,t+2}$ 分别表示按流通市值加权考虑的现金红利再投资的前两周、前一周、当前周、后一周和后两周内的市场回报率，$\varepsilon_{i,t}$ 为波动项。值得说明的是，对于每年最早两周的记录，本章取去年年末的两周的记录作为它们的滞后期记录。对于每年最末两周的记录，本章取下年年初的两周的记录作为它们的提前期记录。其余周的提前期的记录和滞后期的记录仍在本年度中。

步骤 2：利用上一步的回归系数和以下公式计算经市场收益调整后的周收益率 W。

$$W_{i,t} = \log\{1 + [R_{i,t} - (\widehat{\alpha_i} + \widehat{\beta_{1i}}R_{m,t-2} + \widehat{\beta_{2i}}R_{m,t-1} + \widehat{\beta_{3i}}R_{m,t} + \widehat{\beta_{4i}}R_{m,t+1} + \widehat{\beta_{5i}}R_{m,t+2})]\} \quad (3-3)$$

步骤 3：根据计算所得的市场收益调整后周收益率 W 就可以计算收益负偏度和涨跌波动比率。

对于收益负偏度（NCSKEW），利用以下公式计算：

$$NCSKEW_{it} = -[n(n-1)^{3/2} \sum W_{it}^3]/(n-1)(n-2)(\sum W_{it}^2)^{3/2} \quad (3-4)$$

其中，n 为每只股票每年有记录的总周数。

对于涨跌波动比率（DUVOL），利用以下公式计算：

$$DUVOL_{it} = \log\left\{(n_u - 1)\sum_{DOWN} W_{it}^2 \Big/ \left[(n_d - 1)\sum_{UN} W_{it}^2\right]\right\} \quad (3-5)$$

其中，n_u 表示每只股票每年中，经市场收益调整后的周收益率 W 高于当年 W 均值的周数，n_d 表示经市场收益调整后的周收益率 W 低于当年 W 均值的周数。

（三）变量定义

根据模型设定以及接下来的实证研究需要，本章总结了主要解释变量和所有被解释变量，其定义见表 3-1。

表 3-1 主要变量定义

变量名称	变量符号	变量定义
员工持股计划哑变量	ESOP	若该公司该年度发布员工持股计划公告则取值为1，否则为0
股权质押哑变量	Pledge_d	若该公司该年度有控股股东股权质押则取值为1，否则为0
股权质押规模	Pledge_a	控股股东质押股票数量占公司总股数的比例（%）
股权质押规模	Pledge_r	控股股东质押股票数量占自身持有该公司股票的比例（%）
股价崩盘风险指标	NCSKEW	使用 Chen 等（2001）的方法测算的收益负偏度
股价崩盘风险指标	DUVOL	使用 Chen 等（2001）的方法测算的涨跌波动比率
公司规模	SIZE	公司总资产的对数
公司年龄	AGE	上市年数的对数
资产负债比	LEV	总负债/总资产
营业收入增长率	SGR	当期营业收入/上期营业收入
总资产收益率	ROA	净利润/总资产
第一大股东持股比例	BIGR	第一大股东持股/总股数
机构持股比例	INSTO	外部机构持股/总股数
教育情况	EDU	本科及以上学历员工数/公司员工总数
企业性质	SOE	国有控股企业取1，否则取0
股权制衡度	HERF	减持前第二到第五大股东持股比例平方和
风险投资哑变量	PE_d	该公司该年度有风险投资基金取1，否则取0
股票周波动	SIGMA_w	该公司股票周收益率的标准差
股票周收益率	RET_w	该公司股票周收益率的均值
地区金融发展水平	FIR	用金融业增加值占地区生产总值的比重衡量

三 样本匹配

由于控股股东进行股权质押的动机存在很大差异，存在控股股东股权质押的上市公司可能是因它们共同具有某些特有因素才导致这些公司控股股东产生了质押行为。所以，直接比较存在控股股东股权质押的公司和不存在控股股东股权质押的公司极易受到企业内部以及外部的自身特征因素干扰，从而对研究结果产生影响。为消除存在控股股东股权质押上市公司与没有控股股东股权质押上市公司之间的系统性差异，本章使用倾向得分匹配（PSM）方法解决这一问题。

参照谢德仁等（2016）以及谭燕和吴静（2013）的研究结果，本章首先采用Logit模型对上市企业控股股东是否进行股权质押进行回归分析。然后，对所有的回归结果在综合Pseud-R^2以及AUC值两个评选指标大小情况下，择优筛选出本章进行倾向匹配得分（PSM）方法将要使用的特征变量。Logit模型设定的估计结果见表3-2。

表3-2　　　　　　　　Logit模型估计回归结果

变量	(1)	(2)	(3)	(4)	(5)
SIZE	0.0245 (1.04)	-0.0968*** (-4.51)	0.0154 (0.63)	0.0520** (2.28)	—
LEV	1.0954*** (7.56)	0.7031*** (5.25)	1.2060*** (8.08)	1.0820*** (7.86)	1.3292*** (9.57)
ROA	-1.0720** (-2.25)	-0.0083 (-0.02)	-1.2346** (-2.53)	-1.1542** (-2.53)	—
AGE	-0.1216*** (-3.28)	-0.5548*** (-16.26)	-0.1283*** (-3.38)	-0.2186*** (-6.57)	-0.1134*** (-2.99)
SGR	0.1685*** (4.15)	0.2692*** (7.12)	0.1831*** (4.39)	0.1813*** (4.75)	0.1643*** (3.98)

续表

变量	(1)	(2)	(3)	(4)	(5)
$BIGR$	0.8374*** (4.91)	-0.4547*** (-2.89)	0.8276*** (4.73)	—	0.7898*** (4.53)
$INSTO$	-0.6060*** (-5.19)	-1.1942*** (-10.99)	-0.6196*** (-5.21)	—	-0.6348*** (-5.34)
RET_w	1.2902 (0.62)	4.9292** (2.10)	—	1.0621 (0.47)	0.0102 (0.00)
$SIGMA\_w$	0.1895 (0.23)	-0.5159 (-0.69)	—	0.6969 (0.77)	0.7188 (0.80)
SOE	-2.6660*** (-40.02)	—	-2.6842*** (-38.78)	-2.6819*** (-42.19)	-2.6708*** (-38.72)
FIR	—	-4.7743*** (-8.45)	-4.2197*** (-6.73)	-4.3962*** (-7.24)	-4.1929*** (-6.69)
$Constant$	-0.3647 (-0.72)	3.3979*** (7.30)	0.0597 (0.11)	-0.3971 (-0.78)	0.1339 (0.25)
$Year$	已控制	已控制	已控制	已控制	已控制
$Industry$	已控制	已控制	已控制	已控制	已控制
AUC	0.798	0.718	0.799	0.795	0.800
$Pseud-R^2$	0.230	0.108	0.235	0.231	0.235
样本量	12063	11536	11537	12606	11536

注：括号中为 z 检验值；***、** 分别表示估计结果在 1%、5% 的水平下显著。

从表 3-2 可知，公司杠杆率（LEV）会显著增加上市公司控股股东股权质押概率。上市公司销售增长率（SGR）前面的系数显著为正，表明当上市公司处于高速成长期时更倾向于采取股权质押。同时，机构投资者持股比例（*INSTO*）的增加可以显著降低上市公司控股股东股权质押的倾向，这可能是因为机构投资者可以帮助控股股东提供其他的融资渠道，也可能是因为机构投资者能够有效地抑制控股股东利用股权质押进行利益侵占的行为。股权性质（*SOE*）前面的系数显著为负，意味着相对于国有控股上市公司，非国有上市公司控股股东股权质押的概率更高。此外，地区金融发展越好，该地区上市公司的控股股东越不会采取股权质押的方式进行融资，这可能是因为这些地区的上市公司具有更加丰富的融资渠道。结合表 3-2 中的 Pseud-R^2 以及 AUC 值两个指标，本章将选取资产负债比（*LEV*）、股票周波动（*SIGMA_w*）、股票周收益率（*RET_w*）、企业性质（*SOE*）、公司销售增长率（*SGR*）、公司第一大股东持股比例（*BIGR*）、机构投资者持股比例（*INSTO*）、地区金融发展水平（*FIR*）以及行业虚拟变量（*Industry*）和年度虚拟变量（*Year*）等变量作为 PSM 分析的特征变量以获得控制组样本。倾向得分匹配的有效性需要通过平衡假设检验来验证。表 3-3 报告了倾向得分匹配后的平衡假设检验结果。

表 3-3　　　　　倾向得分匹配中平衡假设检验结果

变量	样本	均值差异检验		标准化差异检验		T 检验	P 值
		处理组均值	控制组均值	标准偏差	降幅(%)		
LEV	匹配前	0.406	0.439	-15.800	92.900	-8.310	0.000
	匹配后	0.406	0.403	1.100		0.560	0.578
AGE	匹配前	1.948	2.328	-51.000	96.500	-26.980	0.000
	匹配后	1.948	1.934	1.800		0.820	0.413

续表

变量	样本	均值差异检验		标准化差异检验		T 检验	P 值
		处理组均值	控制组均值	标准偏差	降幅(%)		
SGR	匹配前	0.278	0.168	19.700	93.900	10.530	0.000
	匹配后	0.277	0.270	1.200		0.510	0.609
BIGR	匹配前	0.331	0.359	-19.600	96.800	-10.290	0.000
	匹配后	0.331	0.332	-0.600		-0.320	0.753
INSTO	匹配前	0.259	0.373	-50.900	97.900	-26.800	0.000
	匹配后	0.259	0.256	1.100		0.540	0.587
RET_w	匹配前	.0.007	0.005	6.500	88.200	3.680	0.000
	匹配后	0.007	0.007	0.800		0.390	0.695
SIGMA_w	匹配前	0.076	0.066	11.700	89.800	6.610	0.000
	匹配后	0.074	0.074	1.200		0.800	0.426
SOE	匹配前	0.084	0.569	-120.600	99.700	-61.390	0.000
	匹配后	0.085	0.086	-0.300		-0.220	0.827
FIR	匹配前	0.080	0.084	-12.100	51.600	-6.320	0.000
	匹配后	0.080	0.077	5.800		3.170	0.002
$Pseud-R^2$	匹配前	0.218		LR 统计量		3415.97(0.000)	
	匹配后	0.001		$P-value$		12.43(0.19)	

注：本章使用有放回的最近邻匹配方法。

从变量匹配后的效果来看，除了地区金融发展水平在实验组和控制组之间还存在一些差异外，其他变量在实验组和控制组之间基本没有差异。通常地，如果变量匹配后的标准偏差幅度小于5%，则认为匹配效果较好（Rosenbaum和Rubin，1983）。从表3-3可以看出，本章的变量匹配后标准偏差基本都小于5%，匹配效果较好。最后，从整个匹配后的回归效果来看，LR统计量的值较小，经过匹配之后，我们很难根据匹配变量的特征来区分上市公司控股股东是否存在股权质押行为，表明倾向匹配得分方法的平衡假设从整体上得到了满足。经过上述倾向得分匹配后，形成了由实验组样本和控制组样本共同组成的7137条公司—年度观测值。

第三节 实证结果及分析

一 描述性统计分析

根据我国上市公司年度数据和行业特征，表3-4对公司控股股东股权质押情况进行了描述性统计分析。从表3-4的Panel A可知，2014—2018年，控股股东股权质押的比例以及公司数量都成逐年增加的趋势，说明股权质押越来越多地成为控股股东的融资方式。而且在2017年度，将近有一半的上市公司控股股东存在股权质押行为。从表3-4的Panel B行业分布来看，2014—2018年，大部分行业都有一半以上的上市公司的控股股东存在过股权质押行为。相对来说，国有资本控股行业（比如：金融业、电力、热力、燃气及水生产和供应业以及交通运输、仓储和邮政业等）的上市公司控股股东股权质押现象较少。这也说明了国有控股股东对股权质押融资的依赖性要比非国有控股公司股东对股权质押的依赖性小很多。总体来看，2014—2018年，一共有1891家上市公司控股股东存在过股权质押行为，累计存在股权质押行为的控股股东数量达5707个。

表3-4　　　　　　　控股股东股权质押年度和行业分布

分类	样本数	比例(%)	在上市公司中所占比例(%)
Panel A：年度分布			
2014年度	797	13.97	32.02
2015年度	1012	17.73	39.97
2016年度	1186	20.78	44.49
2017年度	1327	23.25	46.11
2018年度	1385	24.27	43.72
Total	5707	100	
Panel B：行业分布			
农、林、牧、渔业	29	1.53	67.44
采矿业	48	2.54	66.67
制造业	1322	69.87	65.38
电力、热力、燃气及水生产和供应业	22	1.16	25.29
建筑业	46	2.43	54.76
批发和零售业	86	4.55	50.29
交通运输、仓储和邮政业	18	0.95	20.22
住宿和餐饮业	6	0.32	50.00
信息传输、软件和信息技术服务业	130	6.87	68.06
金融业	10	0.53	16.95
房地产业	83	4.39	60.58
租赁和商务服务业	23	1.22	74.19
科学研究和技术服务业	19	1.00	70.37

续表

分类	样本数	比例(%)	在上市公司中所占比例(%)
水利、环境和公共设施管理业	19	1.00	57.58
教育	1	0.05	50.00
卫生和社会工作	3	0.16	100.00
文化、体育和娱乐业	13	0.69	37.14
综合	13	0.69	56.52
Total	1891	100	

注：为了更加全面地反映上市公司控股大股东股权质押情况，表3-4中涵盖了金融行业的上市公司。

表3-5报告了全样本和匹配样本中主要变量的描述性统计结果。从表3-5中可以看出，平均有5.3%的观测样本推出了员工持股计划；年末存在控股股东股权质押的观测样本占样本总量的42.1%，说明上市公司控股股东股权质押是一个很普遍的现象。从全样本公司的平均质押规模来看，控股股东质押的股票数量占整个公司总股本的6.9%；占自身总股份数的比例为22.5%，说明控股股东股权质押的规模还是比较高的。而其他重要变量的统计结果与现有大多数文献类似。

表3-5　　　　　　　　主要变量的描述性统计

变量	全样本				PSM样本			
	样本数	均值	标准差	中位数	样本数	均值	标准差	中位数
ESOP	13,465	0.053	0.225	0.000	7,137	0.078	0.267	0.000
Pledge_d	13,465	0.421	0.494	0.000	7,137	0.678	0.467	1.000
Pledge_a	13,465	0.069	0.117	0.000	7,137	0.108	0.128	0.067

续表

变量	全样本				PSM 样本			
	样本数	均值	标准差	中位数	样本数	均值	标准差	中位数
Pledge_r	13,323	0.225	0.362	0.000	7,137	0.352	0.421	0.232
SIZE	13,330	22.160	1.287	22.010	7,137	21.960	1.176	21.819
AGE	13,316	2.197	0.772	2.303	7,137	1.977	0.764	1.946
LEV	13,324	0.434	0.213	0.421	7,137	0.406	0.206	0.390
SGR	13,271	0.219	0.601	0.108	7,137	0.260	0.595	0.147
ROA	13,324	0.035	0.054	0.033	7,137	0.039	0.052	0.037
BIGR	13,323	0.343	0.149	0.321	7,137	0.330	0.142	0.310
INSTO	12,117	0.326	0.232	0.314	7,137	0.267	0.220	0.209
EDU	13,373	24.653	20.744	18.930	7,135	24.843	21.158	18.330
SOE	13,443	0.360	0.480	0.000	7,137	0.109	0.311	0.000
HERF	13,312	0.008	0.015	0.002	7,135	0.007	0.014	0.002
PE_d	13,373	0.198	0.399	0.000	7,136	0.213	0.410	0.000
FIR	12,783	0.082	0.039	0.069	7,137	0.079	0.036	0.069

表3-6报告了根据公司控股股东是否存在股权质押行为进行分组检验的结果。从表3-6的检验结果来看，存在控股股东股权质押的样本公司推出员工持股计划的比例显著高于不存在控股股东股权质押行为的样本公司，而且前者推出员工持股计划的比例高出了后者将近三倍。对于发生了控股股东股权质押的样本公司来说，控股股东质押的股票比例平均为16.5%，且占自身总股数的52.9%。从其他控制变量来看，存在控股股东股权质押的公司与不存在控股股东股权质押的公司基本也在1%的显著性水平下具有差异。

表 3-6　主要变量按控股股东质押与未质押分组后的均值和中位数差异检验

变量	Pledge_d = 0 样本量	均值	中位数	Pledge_d = 1 样本量	均值	中位数	均值 T 检验	中位数 Z 检验
ESOP	7796	0.026	0.000	5669	0.091	0.000	-0.066***	279.7***
Pledge_a	7796	0.000	0.000	5669	0.165	0.132	-0.165***	1300***
Pledge_r	7664	0.000	0.000	5659	0.529	0.449	-0.529***	1300***
SIZE	7669	22.308	22.140	5661	21.959	21.837	0.349***	142.3***
AGE	7663	2.353	2.639	5653	1.986	1.946	0.367***	938.0***
LEV	7664	0.449	0.441	5660	0.414	0.400	0.036***	56.2***
SGR	7636	0.172	0.078	5635	0.282	0.160	-0.110***	279.2***
ROA	7664	0.034	0.031	5660	0.038	0.035	-0.004***	22.4***
BIGR	7664	0.353	0.333	5659	0.329	0.311	0.025***	36.8***
INSTO	7079	0.372	0.391	5038	0.260	0.199	0.112***	626.2***
EDU	7711	25.037	19.850	5662	24.129	17.740	0.908**	34.6***
SOE	7774	0.560	1.000	5669	0.086	0.000	0.474***	3201.6***
HERF	7658	0.010	0.002	5654	0.006	0.002	0.004***	13.8***
PE_d	7708	0.176	0.000	5665	0.228	0.000	-0.052***	55.9***
FIR	7342	0.084	0.069	5441	0.079	0.069	0.005***	1.240

注：***、**分别表示估计结果在1%、5%的水平下显著。

二　主要实证结果与分析

（一）主回归分析

为了检验研究假设 H1，即公司控股股东是否存在股权质押行为对员工持股计划推出的影响，本章采用了面板 Logit 的随机效应和固定效应模型两种估计方法进行实证分析，回归结果见表3-7的列（1）和列（2）。同样，为了检验研究假设H2，本章也采用两种估计方法进行回归分析，并且使用了两种方式来衡量控股股东股权质押规模：控股股东股权质押数量占上市公司总股本比例以及控股股东股权质押数量占自身持股总量比例。针对假设H2的主要回归结果见表3-7的列（3）至列（6）。

表3-7 控股股东股权质押对员工持股计划推出影响的回归结果

变量	ESOP (1)	ESOP (2)	ESOP (3)	ESOP (4)	ESOP (5)	ESOP (6)
Pledge_d	1.228*** (13.00)	0.350** (2.28)	—	—	—	—
Pledge_a	—	—	3.224*** (10.49)	1.047* (1.95)	—	—
Pledge_r	—	—	—	—	0.999*** (10.01)	0.366** (2.18)
SIZE	0.195*** (4.24)	0.0247 (0.14)	0.214*** (4.63)	0.0441 (0.25)	0.225*** (4.85)	0.0388 (0.22)
AGE	-0.379*** (-5.67)	0.291 (0.65)	-0.415*** (-6.13)	0.330 (0.74)	-0.412*** (-6.07)	0.354 (0.79)
LEV	-0.606** (-2.17)	-2.210*** (-3.47)	-0.704** (-2.42)	-2.244*** (-3.52)	-0.755*** (-2.59)	-2.256*** (-3.54)
SGR	0.110 (1.62)	0.071 (0.69)	0.133** (2.00)	0.070 (0.68)	0.129* (1.94)	0.068 (0.66)
ROA	3.311*** (3.37)	1.513 (0.85)	3.578*** (3.64)	1.682 (0.94)	3.560*** (3.62)	1.706 (0.96)
BIGR	-0.690** (-2.15)	(0.55) (-0.48)	-0.551* (-1.71)	(0.14) (-0.12)	-1.435*** (-4.30)	(0.57) (-0.49)

续表

变量	ESOP (1)	ESOP (2)	ESOP (3)	ESOP (4)	ESOP (5)	ESOP (6)
$INSTO$	0.232 (1.04)	0.459 (0.92)	0.054 (0.24)	0.481 (0.97)	0.084 (0.38)	0.465 (0.93)
EDU	0.002 (0.97)	0.008 (1.02)	0.003 (1.07)	0.008 (1.08)	0.003 (1.16)	0.008 (1.08)
$Constant$	-7.748*** (-8.33)	—	-7.471*** (-7.63)	—	-7.442*** (-7.59)	—
$Industry$	已控制	未控制	已控制	未控制	已控制	未控制
$Year$	已控制	已控制	已控制	已控制	已控制	已控制
$Firm$	未控制	已控制	未控制	已控制	未控制	已控制
样本量	12050	2454	11939	2454	11939	2454
$Pseud-R^2$	0.100	0.132	0.090	0.131	0.092	0.131

注：圆括号中为 z 检验值；***、**、*分别表示估计结果在1%、5%、10%的水平下显著。

根据表3-7列（1）的回归结果可知，采用面板 Logit 的随机效应模型进行估计时，可得：相对于不存在控股股东股权质押的上市公司，存在控股股东股权质押的公司在1%的显著性水平下更倾向于推出员工持股计划。根据列（2）回归结果可知，在控制上市公司不可观测的个体因素缓解内生性问题后，尽管股权质押哑变量 $Pledge\_d$ 的回归系数和显著性都有所降低，但是本章假设 H1 在5%的显著性水平下同样得到了证实。根据表3-7列（3）和列（5）可知，从公司控股股东的股权质押规模来看，其质押比例越高，推出员工持股计划的概率也越大。这是因为控股股东股权质押比例越高，则越容易失去公司控制权，从而越愿意推出员工持股计划来维持公司股价，这与黄登仕等（2018）的研究结论相似。由表3-7列（4）和列（6）可知，通过固定效应的面板Logit回归模型控制公司不可观测且不随时间变化的因素后，尽管被解释变量股权质押规模 *Pledge_a* 和 *Pledge_r* 的回归系数和显著性也都有所降低，本章假设H2依然在5%或者10%的显著性水平下成立，这也说明本章的研究结果具有很好的稳健性。此外，从表3-7回归结果的控制变量来看，公司杠杆率（*LEV*）前面的系数显著为负，这说明负债率越低的上市公司越倾向于宣告实施员工持股计划，也意味着实施员工持股计划的公司都是杠杆率偏低的公司。销售增长指标（*SGR*）前面的系数为正，说明上市公司在扩大规模过程中更愿意推出员工持股计划。此外，上市公司员工受教育水平越高，公司也越愿意推出员工持股。

（二）基于股权性质的异质性分析

为了检验研究假设H3，本章根据控股股东股权性质将上市公司分为国有控股公司和非国有控股公司；然后对这两类公司子样本进行分组，检验控股股东是否进行股权质押以及控股股东股权质押规模对推出员工持股计划的影响。同样，为了控制一些不随时间变化且无法观测的因素对回归结果的影响，本章采用面板Logit模型进行了固定效应回归分析。具体的检验结果见表3-8。

表3-8　　　　基于股权性质异质性分析的回归结果

变量	$SOE=0$		$SOE=1$		$SOE=0$		$SOE=1$	
	(1)	(2)	(3)	(4)	(5)	(6)	(7)	(8)
Pledge_d	0.771*** (7.49)	0.367** (2.28)	0.393 (0.97)	0.0875 (0.13)	—	—	—	—

续表

变量	SOE=0 (1)	SOE=1 (2)	SOE=0 (3)	SOE=1 (4)	SOE=0 (5)	SOE=1 (6)	SOE=0 (7)	SOE=1 (8)
Pledge_r	—	—	—	—	0.638*** (5.95)	0.381** (2.23)	-0.0575 (-0.05)	-2.019 (-0.89)
SIZE	0.327*** (6.00)	0.000215 (0.00)	0.0456 (0.36)	-2.285* (-1.84)	0.340*** (6.32)	0.0247 (0.13)	0.0364 (0.29)	-2.392* (-1.87)
AGE	-0.167** (-2.20)	-0.0206 (-0.04)	-0.527** (-1.97)	5.079 (1.64)	-0.198*** (-2.62)	0.00782 (0.02)	-0.531** (-1.99)	5.11 (1.63)
LEV	-0.738** (-2.31)	-2.085*** (-3.13)	0.711 (0.78)	-5.563* (-1.72)	-0.704** (-2.22)	-2.122*** (-3.18)	0.842 (0.92)	-5.647* (-1.74)
SGR	0.0648 (0.89)	0.037 (0.33)	0.234 (0.90)	0.409 (0.81)	0.0788 (1.11)	0.0395 (0.35)	0.23 (0.89)	0.397 (0.79)
ROA	1.904* (1.84)	0.695 (0.38)	5.986* (1.80)	15.37 (1.48)	2.052** (1.99)	0.89 (0.48)	5.993* (1.78)	16.3 (1.58)
BIGR	0.217 (0.63)	-0.234 (-0.18)	-2.614** (-2.24)	-1.056 (-0.22)	0.426 (1.25)	0.274 (0.21)	-2.580** (-2.21)	-0.993 (-0.20)
INSTO	0.309 (1.35)	0.355 (0.66)	1.304 (1.45)	2.359 (1.16)	0.246 (1.08)	0.386 (0.72)	1.269 (1.41)	2.313 (1.14)
EDU	0.007*** (2.70)	0.010 (1.26)	-0.012 (-1.29)	0.115* (1.91)	0.007*** (2.74)	0.010 (1.29)	-0.012 (-1.32)	0.119** (1.99)
Constant	-10.75*** (-9.22)		-3.45 (-1.31)		-10.82*** (-9.37)		-3.228 (-1.23)	
Industry	已控制	未控制	已控制	未控制	已控制	未控制	已控制	未控制
Year	已控制	已控制	已控制	已控制	已控制	已控制	已控制	已控制

续表

变量	SOE=0		SOE=1		SOE=0		SOE=1	
	(1)	(2)	(3)	(4)	(5)	(6)	(7)	(8)
Firm	未控制	已控制	未控制	已控制	未控制	已控制	未控制	已控制
样本量	7504	2165	4241	260	7504	2165	4241	260
$Pseud-R^2$	0.0802	0.131	0.0957	0.274	0.0735	0.131	0.0942	0.28

注：圆括号中为z检验值；***、**、*分别表示估计结果在1%、5%、10%的水平下显著。

根据表3-8回归结果的列（1）和列（2）可知，无论是面板Logit的随机效应模型还是固定效应模型，对于非国有控股样本公司来说，股权质押哑变量$Pledge\_d$前面的回归系数都显著为正，这说明公司控股股东股权质押与员工持股计划推出之间的正向显著关系存在于非国有控股上市公司。从列（3）和列（4）可以看出，对于国有控股上市公司，股权质押哑变量$Pledge\_d$前面的系数更小，而且不显著；这说明公司控股股东股权质押与员工持股计划推出的正向关系在国有控股上市公司中不显著。从控股股东股权质押规模$Pledge\_r$的角度来看，同样地，控股股东股权质押规模对员工持股计划推出的正向显著影响也只存在于非国有控股公司。总之，在其他条件相同的情况下，相对于国有控股性质样本公司来说，非国有控股公司控股股东存在股权质押行为与员工持股计划推出的正向关系显著性更强。

三 稳健性检验

（一）进一步控制内生性问题

本章上文的实证部分通过将所有控制变量滞后一期且使用了面板Logit的固定效应模型，能够在一定程度上克服内生性对研究结论的影响。但已有研究发现，融资约束会影响控股大股东的股权质押行为（郑国坚等，2014），这意味着控股股东股权质押行为并非随机选择的。为了排除存在控股股东股权质押公司（实验组）和不存在控股股东股权质押公司（对照组）两类样本的企业特征对结论的影响，本节采用PSM加上面板Logit回归检验方法做相应的稳健性检验，重新估计控股股东股权质押行为对公司员工持股计划推出的影响。根据本章第二节中样本匹配的分析结果，将选取资产负债比（LEV）、股票周波动（SIGMA_w）、股票周收益率（RET_w）、企业性质（SOE）、公司销售增长率（SGR）、公司第一大股东持股比例（BIGR）、机构投资者持股比例（INSTO）、地区金融发展水平（FIR）以及行业虚拟变量（Industry）和年度虚拟变量（Year）作为回归变量对股权质押样本进行最近邻匹配，最终获得7137条匹配后的公司—年度观测值。基于匹配样本进行的回归结果见表3-9。

表3-9　　　控股股东股权质押对员工持股计划推出影响的
PSM样本回归结果

变量	ESOP (1)	ESOP (2)	ESOP (3)	ESOP (4)	ESOP (5)	ESOP (6)
Pledge_d	0.728*** (6.32)	0.400** (2.15)	—	—	—	—
Pledge_a	—	—	1.865*** (5.37)	0.969* (1.71)	—	—
Pledge_r	—	—	—	—	0.488*** (5.03)	0.300* (1.90)
SIZE	0.259*** (4.79)	0.0753 (0.39)	0.267*** (4.99)	0.0924 (0.47)	0.272*** (5.05)	0.0882 (0.45)

续表

变量	ESOP (1)	ESOP (2)	ESOP (3)	ESOP (4)	ESOP (5)	ESOP (6)
AGE	-0.184** (-2.38)	-0.116 (-0.23)	-0.208*** (-2.70)	-0.0659 (-0.13)	-0.207*** (-2.68)	-0.047 (-0.09)
LEV	-0.856*** (-2.61)	-2.580*** (-3.67)	-0.843*** (-2.59)	-2.639*** (-3.73)	-0.857*** (-2.63)	-2.648*** (-3.75)
SGR	0.0996 (1.34)	0.0784 (0.71)	0.106 (1.46)	0.078 (0.70)	0.101 (1.38)	0.072 (0.65)
ROA	2.889*** (2.66)	1.327 (0.67)	3.051*** (2.81)	1.434 (0.73)	3.165*** (2.91)	1.483 (0.75)
BIGR	-0.218 (-0.61)	0.211 (0.16)	-0.0764 (-0.22)	0.764 (0.57)	-0.706* (-1.91)	0.269 (0.21)
INSTO	0.178 (0.74)	0.34 (0.61)	0.15 (0.62)	0.332 (0.59)	0.15 (0.62)	0.341 (0.61)
EDU	0.005* (1.85)	0.008 (1.01)	0.005* (1.89)	0.009 (1.05)	0.005** (1.99)	0.009 (1.03)
Constant	-8.901*** (-7.67)	—	-8.751*** (-7.64)	—	-8.711*** (-7.60)	—
Industry	已控制	未控制	已控制	未控制	已控制	未控制
Year	已控制	已控制	已控制	已控制	已控制	已控制
Firm	未控制	已控制	未控制	已控制	未控制	已控制
样本量	7058	1883	7058	1883	7058	1883
Pseud-R^2	0.0746	0.138	0.0692	0.137	0.0702	0.136

注：圆括号中为 z 检验值；***、**、* 分别表示估计结果在1%、5%、10%的水平下显著。

从表3-9回归结果的列（1）和列（2）可知，通过倾向得分匹配方法控制影响公司控股股东股权质押因素后，同样可以得出：相对于不存在控股股东股权质押的公司，存在控股股东股权质押的上市公司在1%的显著性水平下更倾向于宣布实施员工持股计划；再进一步控制上市公司不可观测的因素后，研究假设H1在5%的显著性水平下同样得到了证实，说明本章的研究结论具有很好的稳健性。根据列（3）到列（6）的回归结果可知，通过样本匹配后，股权质押规模$Pledge\_a$以及$Pledge\_r$前面的回归系数显著为正，表明上市公司控股股东股权质押比例越高，公司推出员工持股计划的概率也越大，这与表3-7中回归的结论是一致的；进一步利用固定效应的Logit回归模型控制公司不可观测不随时间变化的因素后，虽然股权质押规模代理变量$Pledge\_a$和$Pledge\_r$回归系数和显著性水平略有下降，但是主要结论依然在10%的显著性水平下成立。从表3-9回归结果的控制变量来看，公司杠杆率（LEV）前面的系数依然显著为负，而公司规模（$SIZE$）、销售增长指标（SGR）以及受教育程度（EDU）前面的系数依然为正，与表3-7中回归的结果一致。总之，利用倾向得分匹配估计方法（PSM）加上面板Logit的固定效应回归模型有效控制影响控股股东股权质押的公司自身特有可观测因素以及不随时间变化且不可测因素后，本章的研究结论依然成立，使得稳健性进一步提升。

为了进一步缓解遗漏变量带来的内生性问题，参照谢德仁等（2016）以及李常青等（2018）的研究，本节选取当年该省份其他上市公司质押水平的均值$Pledge\_p$和当年所在行业其他上市公司质押水平的均值$Pledge\_i$为工具变量进行两阶段最小二乘（2SLS）回归，结果见表3-10。

表 3-10　　　　两阶段最小二乘（2SLS）回归结果

变量	Pledge_d (1)	ESOP (2)	Pledge_d (3)	ESOP (4)
Pledge_d	—	0.082*** (3.63)	—	0.142*** (4.70)
Pledge_i	0.820*** (21.47)	—	—	—
Pledge_P	—	—	0.751*** (16.30)	—
SIZE	-0.008* (-1.93)	0.008*** (3.81)	-0.015*** (-3.47)	0.009*** (4.14)
AGE	-0.112*** (-16.43)	-0.012*** (-2.69)	-0.113*** (-16.50)	-0.004 (-0.86)
LEV	0.123*** (4.57)	-0.032** (-2.35)	0.130*** (4.79)	-0.039*** (-2.82)
SGR	0.050*** (6.79)	0.005 (1.29)	0.054*** (7.24)	0.002 (0.42)
ROA	0.061 (0.68)	0.130*** (2.92)	0.061 (0.67)	0.123*** (2.72)
BIGR	-0.081** (-2.57)	-0.028* (-1.80)	-0.098*** (-3.07)	-0.021 (-1.32)
INSTO	-0.253*** (-11.44)	0.017 (1.40)	-0.259*** (-11.58)	0.033** (2.43)
EDU	-0.002*** (-6.76)	0.000 -1.58	-0.001*** (-4.38)	0.000** -2.23
Constant	0.569*** (6.15)	-0.134*** (-2.68)	0.794*** (8.65)	-0.198*** (-3.61)

续表

变量	Pledge_d	ESOP	Pledge_d	ESOP
	(1)	(2)	(3)	(4)
Industry	已控制	已控制	已控制	已控制
Year	已控制	已控制	已控制	已控制
Anderson – canon. LM 统计量	444.956***	—	260.648***	—
Cragg – Donald Wald F 统计量	460.866***	—	265.747***	—
样本量	12050	12050	12050	12050
R^2	0.160	0.043	0.146	0.016

注：圆括号中为 z（t）检验值；***、**、* 分别表示估计结果在1%、5%、10%的水平下显著。

根据表3-10的列（1）和列（3）可知，在两阶段回归分析的第一阶段回归中，省份平均的质押水平 Pledge_ p 和行业平均的质押水平 Pledge_ i 与上市公司控股股东股权质押哑变量 Pledge_ d 之间在1%的显著性水平下正相关。根据表3-10的列（2）和列（4）可知，在利用两阶段最小二乘（2SLS）回归控制遗漏变量导致的内生性问题后，其回归系数要小于表3-7列（1）的回归系数，但是同样可以得出：相对于不存在控股股东股权质押的公司，存在控股股东股权质押的上市公司在1%的显著性水平下更倾向于宣布实施员工持股计划。通过对工具变量的检验，得出：Anderson canon. LM 统计量在1%的水平上拒绝了两个工具变量与控股股东股权质押哑变量 Pledge_ d 不相关的原假设；Cragg – Donald Wald F 统计量在1%的水平拒绝了两个工具变量与控股股东股权质押哑变量 Pledge_ d 弱相关的原假设，这说明本节选取的两个工具变量与内生变量之间存在较强的相关性。同时，本节选取的两个工具变量不会对上市公司员工持股计划推出情况产生影响，能够很好地满足外生性条件。总体来说，在进一步控制内生性问题之后，本章的结论依然成立。

(二) 其他稳健性检验

本节通过变更股权质押规模的衡量方式再次进行稳健性检验，回归结果见表 3-11。其中，变量 $Pledge\_a1$ 表示控股股东股权质押数量在总流通股中所在比例；变量 $Pledge\_r1$ 表示控股股东股权质押数量在自身所持流通股中所占比例。表 3-11 中列 (1) 至列 (4) 为针对全样本进行面板 Logit 随机效应和固定效应模型回归的结果；列 (5) 至列 (8) 为针对倾向得分匹配后的样本进行面板 Logit 随机效应和固定效应模型回归的结果。

表 3-11　变更股权质押规模的度量方式稳健性检验回归结果

变量	全样本				PSM 样本			
	(1)	(2)	(3)	(4)	(5)	(6)	(7)	(8)
$Pledge\_a1$	1.602*** (9.12)	0.651** (2.09)	—	—	0.989*** (5.03)	0.635* (1.87)	—	—
$Pledge\_r1$	—	—	0.515*** (8.67)	0.192* (1.91)	—	—	0.143*** (3.49)	0.183** (2.16)
SIZE	0.208*** (4.56)	0.0509 (0.28)	0.198*** (4.35)	0.0466 (0.26)	0.265*** (4.97)	0.108 (0.54)	0.251*** (4.76)	0.139 (0.70)
AGE	-0.399*** (-5.93)	0.445 (0.99)	-0.395*** (-5.88)	0.414 (0.93)	-0.189** (-2.47)	0.0464 (0.09)	-0.200*** (-2.62)	-0.000437 (-0.00)
LEV	-0.742** (-2.56)	-2.271*** (-3.57)	-0.692** (-2.39)	-2.247*** (-3.53)	-0.863*** (-2.65)	-2.679*** (-3.79)	-0.809** (-2.49)	-2.674*** (-3.78)
SGR	0.104 (1.56)	0.0629 (0.60)	0.102 (1.53)	0.0653 (0.63)	0.077 (1.05)	0.0672 (0.60)	0.097 (1.33)	0.0828 (0.74)

续表

变量	全样本				PSM 样本			
	(1)	(2)	(3)	(4)	(5)	(6)	(7)	(8)
ROA	3.178*** (3.25)	1.730 (0.97)	3.254*** (3.33)	1.663 (0.93)	2.921*** (2.70)	1.487 (0.76)	2.757** (2.56)	1.450 (0.74)
$BIGR$	−1.451*** (−4.34)	−0.656 (−0.57)	−0.778** (−2.43)	−0.270 (−0.23)	−0.716* (−1.93)	0.223 (0.17)	−0.214 (−0.61)	0.823 (0.62)
$INSTO$	0.314 (1.37)	0.469 (0.94)	0.231 (1.02)	0.477 (0.96)	0.343 (1.40)	0.345 (0.61)	0.233 (0.96)	0.352 (0.62)
EDU	0.002 (1.00)	0.008 (1.09)	0.002 (0.95)	0.008 (1.07)	0.005* (1.95)	0.009 (1.05)	0.005* (1.81)	0.009 (1.11)
$Constant$	−7.093*** (−7.34)	—	−7.089*** (−7.33)	—	−8.588*** (−7.55)	—	−8.280*** (−7.35)	—
$Industry$	已控制	未控制	已控制	未控制	已控制	未控制	已控制	未控制
$Year$	已控制	已控制	已控制	已控制	已控制	已控制	已控制	已控制
$Firm$	未控制	已控制	未控制	已控制	未控制	已控制	未控制	已控制
样本量	11939	2454	11939	2454	7058	1883	7058	1883
$Pseud-R^2$	0.0871	0.131	0.0871	0.131	0.0693	0.137	0.0662	0.138

注：圆括号中为 z 检验值；***、**、* 分别表示估计结果在 1%、5%、10% 的水平下显著。

从表 3-11 可知，对于全样本来说，无论是面板 Logit 随机效应模型还是固定效应模型，核心解释变量 $Pledge\_a1$ 和 $Pledge\_r1$ 前面的系数都显著为正，这说明公司控股股东质押股份比例越高，面临的控制权转移风险也越大，就越倾向于宣布实施员工持股计划。对于 PSM 样本来说，尽管核心解释变量股权质押规模 $Pledge\_a1$ 和 $Pledge\_r1$ 回归系数和显著性水平相对于全样本来说有所降低，但是核心解释变量前面的系数依然在10%以上的显著性水平下为正，同样说明控股股东为了防止控制权转移和利益受损，将会更有动机推出员工持股计划。这也同廖珂等（2018）和黄登仕等（2018）的研究发现十分类似，控股股东质押的股票数量越多，说明他们越缺少资金，而且这些控股大股东也没有更多股票继续质押，股价下跌对其控制权转移风险更大，他们也更愿意采取市值管理的手段抬升股价。总之，在控制其他条件不变的情况下，控股股东股权质押的规模越大，该上市公司就越倾向于宣布实施员工持股计划，这一结论具有很好的稳健性。

第四节 进一步研究

一 大股东股权质押与员工持股计划

目前，我国有关股权质押研究的文献大部分都是针对控股股东股权质押的（谢德仁等，2016；廖珂等，2018；黄登仕等，2018；李常青等，2018），但也有部分研究是针对大股东的股权质押情况进行分析的（王斌等，2013；郑国坚等，2014）。通常地，我们认为控股股东对公司的控制力是最强的，但公司大股东同样会对公司决策产生重大影响。为了更为全面地分析和研究股权质押与员工持股计划之间的关系，本章进一步考察公司大股东（控股股东以及持股超过5%的其他股东）股权质押对员工持股计划推出的影响。回归结果见表3-12，其中，变量 $Pledge\_dd$ 为哑变量，存在大股东股权质押取1，否则取0；变量 $Pledge\_da1$ 表示该年度所有大股东质押股票数量占公司总股本数量；变量 $Pledge\_da2$ 表示该年度所有大股东质押股票数量与公司流通股数量比例。

表3-12 大股东股权质押对员工持股计划推出影响的回归结果

变量	ESOP (1)	ESOP (2)	ESOP (3)	ESOP (4)	ESOP (5)	ESOP (6)
Pledge_dd	1.158*** (11.18)	0.195 (1.20)	—	—	—	—
Pledge_da 1	—	—	1.866*** (8.71)	0.710* (1.78)	—	—
Pledge_da 2	—	—	—	—	0.480*** (5.99)	0.276* (1.74)
SIZE	0.234*** (5.35)	0.118 (0.70)	0.221*** (5.18)	0.153 (0.90)	0.194*** (4.63)	0.172 (0.99)
AGE	-0.329*** (-4.82)	0.297 (0.67)	-0.403*** (-6.03)	0.31 (0.70)	-0.431*** (-6.57)	0.365 (0.82)
LEV	-1.023*** (-3.85)	-2.314*** (-3.78)	-1.019*** (-3.89)	-2.381*** (-3.88)	-0.896*** (-3.47)	-2.429*** (-3.94)
SGR	-0.007 (-0.45)	-0.011 (-0.56)	-0.005 (-0.34)	-0.013 (-0.60)	-0.016 (-0.88)	-0.013 (-0.60)
ROA	0.009 (0.18)	-0.035 (-0.25)	0.012 (0.25)	-0.033 (-0.24)	0.01 (0.20)	-0.034 (-0.24)
BIGR	-0.329 (-1.03)	-0.466 (-0.41)	-0.896*** (-2.82)	-0.553 (-0.49)	-0.914*** (-2.88)	-0.606 (-0.53)
INSTO	0.127 (0.58)	0.348 (0.71)	-0.008 (-0.04)	0.378 (0.77)	0.071 (0.32)	0.387 (0.78)
EDU	0.004 (1.49)	0.011 (1.39)	0.003 (1.27)	0.011 (1.46)	0.002 (0.97)	0.011 (1.45)
Constant	-8.274*** (-8.74)	—	-7.209*** (-7.87)	—	-6.462*** (-7.22)	—

续表

变量	ESOP (1)	ESOP (2)	ESOP (3)	ESOP (4)	ESOP (5)	ESOP (6)
Industry	已控制	未控制	已控制	未控制	已控制	未控制
Year	已控制	已控制	已控制	已控制	已控制	已控制
Firm	未控制	已控制	未控制	已控制	未控制	已控制
样本量	12192	2474	12192	2474	12192	2474
Pseud-R^2	0.0967	0.127	0.0821	0.128	0.0749	0.128

注：圆括号中为 z 检验值；***、**、* 分别表示估计结果在 1%、5%、10% 的水平下显著。

从表 3-12 列（1）和列（2）可知，哑变量 *Pledge_dd* 前面的系数为正。当回归模型为面板 Logit 随机效应模型时，系数在 1% 的显著性水平下为正；而采用固定效应模型时，系数变得不显著，但是依然为正。这可以说明相对于不存在大股东股权质押的上市公司来说，存在大股东股权质押的上市公司更倾向于宣布实施员工持股计划。从表 3-12 列（3）至列（6）可知，无论是面板 Logit 随机效应还是固定效应回归方程中，核心解释变量大股东股权质押规模 *Pledge_da*1 和 *Pledge_da*2 前面的回归系数都至少在 10% 的显著性水平下为正，这说明大股东股权质押规模越大，推出员工持股计划的概率也越大。这同样说明了当公司大股东质押比例越高，则越愿意通过推出员工持股计划来维持股价，避免自己遭受催缴保证金通知。从控制变量来看，所有控制变量回归系数前面的符号都与表 3-7 一致。

二 公司治理效应分析

有研究认为股权质押会增加控股股东对上市公司的"掏空"，从而降低公司价值（Lee 和 Yeh，2004；郑国坚等，2014）。从上市公司内部治理角度来看，大股东之间的股权制衡可以对现有控股大股东形成有力的约束和监督，因为其他被引入的大股东会与控股股东进行谈判从而减少控股股东对公司的租金榨取和私有收益侵占。Bennedsen 和 Wolfenzon（2000）认为，大股东之间的股权制衡作为一种重要的替代性治理机制，是抑制第二类委托代理问题的有效方式。我国现有研究同样发现大股东之间的股权制衡水平较高时，能够更好地监督控股股东，从而抑制控股股东的利益侵占行为（洪剑峭和薛皓，2009；李琳等，2009）。因此，如果存在控股股东股权质押行为的上市公司会利用员工持股计划对中小股东进行利益侵占，根据已有的研究结论和理论逻辑，本节认为当内部控股股东面临弱股权制衡时，控股股东股权质押与员工持股计划推出之间的关系更显著。

从上市公司外部治理角度看，我国的机构投资者目前已经成为资本市场的重要投资主体。Shleifer 和 Vishny（1986）认为外部机构投资者可以有效地监督管理层与内部大股东之间的"合谋"行为，提升目标公司治理水平。国内也有研究表明：机构投资者能够起到外部治理的作用，能够抑制控股股东的利益侵占行为（沈华玉等，2017；李维安等，2017）。如果股权质押引发的利益侵占行为是控股股东与管理层"合谋"的结果，那么更为完善的外部治理环境可以抑制控股股东利用员工持股计划来进行利益侵占行为，以缓解其自身面临的风险。因此，当内部控股股东面临更弱的外部监督和治理时，控股股东股权质押与员工持股计划推出之间的关系才更为显著。一般来说，风险投资基金相比于其他外部机构投资者要更早地进入上市公司，对公司运营更为熟悉，能够更好地发挥治理作用，也可以相对有效地抑制内部大股东与管理层之间的合谋行为。因此，我们可以利用是否存在风险投资基金哑变量来衡量公司的外部治理程度的强弱。

为了检验公司治理是否能够缓解控股股东利用员工持股计划进

行利益侵占行为，本节将根据内部股东股权制衡的强弱以及上市公司是否具有风险投资基金背景进行分组检验。分组检验的回归结果见表3-13。在表3-13中，如果股权制衡度高于中位数，则认为股权制衡强；反之，则视为股权制衡弱。同时，为了更为有效地控制公司不随时间变化的不可观测因素对回归结果的影响，本节采用面板Logit的固定效应模型进行回归分析。

表3-13　　　　　　　公司治理效应分析的回归结果

变量	全样本				PSM样本			
	股权制衡		风险投资		股权制衡		风险投资	
	强	弱	有	无	强	弱	有	无
$Pledge\_d$	0.298 (1.45)	0.499** (2.09)	0.197 (0.48)	0.373** (2.09)	0.34 (1.39)	0.575* (1.95)	0.223 (0.43)	0.410* (1.91)
Controls	已控制	已控制	已控制	已控制	已控制	已控制	已控制	已控制
Year	已控制	已控制	已控制	已控制	已控制	已控制	已控制	已控制
Firm	已控制	已控制	已控制	已控制	已控制	已控制	已控制	已控制
样本量	1313	1141	341	1838	1010	873	264	1415
$Pseud-R^2$	0.12	0.156	0.213	0.151	0.127	0.165	0.233	0.158

注：圆括号中为z检验值；**、*分别表示估计结果在5%、10%的水平下显著。

从表3-13可知，无论是针对全样本还是PSM样本，在公司内部股权制衡更强的样本公司中股权质押哑变量 $Pledge\_d$ 前面的系数都不显著，而且该系数小于股权制衡更弱的样本公司中股权质押哑变量 $Pledge\_d$ 前面的系数。这就说明公司内部股权制衡能够有效地抑制存在股权质押的上市公司控股股东利用员工持股计划来缓解自己控制权转移风险的行为，能够减少控股股东的侵占行为。同样地，对于有外部风险投资基金的样本公司，其股权质押哑变量 Pledge_ d 前面的系数都不显著，而且其系数小于没有外部风险投资基金的样本公司。这说明外部机构投资者可以在一定程度上抑制控股股东的侵占行为，能够很好地发挥外部监督治理作用；这与钱爱民和张晨宇（2018）的研究结论相一致。通过对公司治理效应的异质性分组检验也说明了公司控股股东确实存在利用员工持股计划进行利益侵占行为的动机，所以才会表现出控股股东股权质押对上市公司员工持股计划推出的影响在不同治理结构的样本公司中存在差异。同时，本节的研究结果也说明了治理结构更好的公司的员工是相对幸运的，因为他们能够"逃过"被公司控股股东利益侵占的不利结局。

三 员工持股计划与股价崩盘

根据本章第三节的研究结论可知，存在控股股东股权质押的上市公司确实更倾向于通过推出员工持股计划来缓解自身的控制权转移风险，这与宋岩和宋爽（2019）的研究结论是一致的。同时，我国股票市场仍然以散户为主（吴悠悠，2017；钟宁桦等，2018），因为存在信息不对称，这些散户投资者很难辨别上市公司推出员工持股计划背后动机。他们通常认为上市公司不会轻易让公司员工亏钱，否则持股计划将失去激励意义。所以，员工持股计划比较受这些投资者追捧，持股计划宣告后就往往会吸引其买入，带动股价上涨，员工持股也成为上市公司进行市值管理的重要工具。正如一些市场人士所指出的，员工持股计划的推出与公司二级市场股价有很大关联；股价降低时，往往是员工持股计划设立的高峰期。有研究认为上市公司控股股东股权质押后，为了避免追加保证金或者防止控制权丧失，会主动采取措施降低股价崩盘风险（谢德仁等，2016），即表现为控股股东股权质押与公司股价崩盘的负向关系。本节接下来需要研究的问题是公司控股股东是否通过员工持股计划实现了自己的目的,即上市公司控股股东是否真的能通过实施员工持股计划降低公司股价崩盘风险,从而缓解自身控制权转移的风险。

现有理论和经验研究比较公认的一个事实是:隐瞒坏消息,夸大财务业绩致使坏消息长期囤积是造成股价崩盘的罪魁祸首(Kim 等,2011;Kim 和 Zhang,2016)。利用员工持股计划降低公司的股价崩盘风险的渠道可能包括以下几条:其一,公司员工不愿意看到股票价格下跌。因为公司股价下跌会影响持股员工的切身利益,股票下跌的风险也需要持股员工承担,但员工对这样的风险有一定的控制能力,他们可以通过自我约束加倍努力提高公司业绩来防止股价下跌。持股员工在保护自身利益的同时间接地保护了公司控股股东的利益。其二,员工持股计划带动员工对经理层的监督,可能会对大股东的侵占行为有所抑制,从而暂时降低股价崩盘的风险。其三,员工持股计划会让员工增加对公司负责人的监督,抵消管理者在审计财务报表中隐藏坏消息和加速好消息传播的倾向,使得财务报告披露的业绩更加真实透明,降低股价崩盘的概率(Hutton 等,2009)。此外,李旎和郑国坚(2015)认为市值管理有助于控股股东的股权质押融资,可以减轻控股大股东对中小股东的利益侵占。尽管通过市值管理减少控股股东的利益侵占行为是为了将来的掏空(Jian 和 Wong,2010;Friedman 和 Mitton,2003),但是员工持股计划这种市值管理手段确实可能降低其他的掏空手段,从而暂时降低股价崩盘风险。

通过上述分析可知,上市公司控股股东通过员工持股计划可以暂时降低股价崩盘风险;但是,这种基于非激励动机采取的员工持股计划很大概率不能达到长期激励员工的目的,很难真正改善公司业绩。如果员工和投资者没有看到上市公司明显的业绩改善,可能因为风险的累积进一步引发下一期股价崩盘风险。所以,本节将进一步检验员工持股计划实施后对下一期股价崩盘风险的影响。为了检验员工持股计划与股价崩盘之间的关系，本节设定以下模型：

$$CrashRisk_{i,t} = \alpha + \beta_1 ESOP_{i,t} + \gamma Controls_{i,t-1} + \sum Industry + \sum Year + \varepsilon_{i,t}$$

(3-6)

其中，变量 $ESOP$ 表示该公司该年是否实施员工持股计划，$CrsahRisk$ 表示股价崩盘风险，对于股价崩盘风险，本书用收益负偏度（$NCSKEW$）和涨跌波动比率（$DUVOL$）这两个指标来衡量。借鉴孙健等（2016）、夏常源和贾凡胜（2019）的研究，本节选取公司规模（$SIZE$）、市值账面比（MB）、总资产收益率（ROA）、资产负债（LEV）、年月均超额换手率（$MTUN$）、周收益率年均值（$WRET$）、周收益率标准差年均值（$WVOL$）、公司信息不透明度（$DACC$）作为控制变量，其中，月均超额换手率（$MTUN$）等于相邻两年的月均换手率之差，公司信息不透明度采用 Jones（1991）的模型在行业—年份层面回归得到的残差并取绝对值来衡量。$Controls_{i,t-1}$ 表示控制变量集合，其中包含行业固定效应和年度固定效应，为减轻因反向因果等引起的内生性，所有控制变量均滞后一期，$\varepsilon_{i,t}$ 表示回归模型的随机扰动项，在回归时采用了基于个体聚类的稳健标准误。同时，为了降低公司自身特征带来的内生性问题，本节使用倾向性匹配后的样本进行回归，所得结果见表 3-14。

表 3-14　员工持股计划对股价崩盘的影响分析

变量	$NCSKEW_t$	$DUVOL_t$	$NCSKEW_{t+1}$	$DUVOL_{t+1}$
	(1)	(2)	(3)	(4)
$ESOP$	-0.0754*	-0.0397*	0.0906*	0.0222
	(-1.72)	(-1.96)	(1.95)	(0.69)

续表

变量	$NCSKEW_t$ (1)	$DUVOL_t$ (2)	$NCSKEW_{t+1}$ (3)	$DUVOL_{t+1}$ (4)
SIZE	-0.0143 (-1.56)	-0.0179*** (-2.71)	-0.0376 (-1.16)	-0.0231 (-1.04)
LEV	-0.0021 (-0.04)	0.0067 (0.29)	-0.003 (-0.06)	-0.0115 (-0.32)
ROA	-1.1418** (-2.04)	-0.4866* (-1.86)	-0.3263* (-1.81)	-0.2604** (-2.09)
MB	0.0023 (0.02)	0.0096 (0.13)	0.0298 (0.16)	0.057 (0.44)
MTUN	-0.1282*** (-4.91)	-0.1008*** (-5.60)	0.2066*** (2.91)	0.1522*** (3.01)
WRET	1.3449 (0.49)	-0.0198 (-0.01)	-0.2148 (-0.06)	0.0941 (0.04)
WVOL	0.0699*** (6.77)	0.0557*** (7.85)	-2.5592* (-1.84)	-2.1040** (-2.19)
DACC	0.0904 (0.48)	0.0481 (0.48)	-0.2137 (-1.16)	-0.1484 (-1.15)
Constant	-0.4269 (-0.72)	-0.2458 (-0.85)	0.4493 (0.64)	0.2699 (0.56)
Industry	已控制	已控制	已控制	已控制
Year	已控制	已控制	已控制	已控制
样本量	1054	1054	1042	1042
调整 R^2	0.053	0.059	0.045	0.04

注：括号中为 t 检验值；***、**、* 分别表示估计结果在 1%、5%、10% 的水平下显著。

从表 3-14 可知，上市公司实施员工持股计划确实可以降低当期的股价崩盘风险，这个结论在 10% 的水平下是显著的；但是，实施员工持股计划会导致上市公司下一期股价崩盘风险的增加。这个结论与谢德仁等（2016）的研究结果相一致。因为基于非激励动机实施的员工持股计划能够带来短期的股价提升，从而降低当期股价崩盘风险；但上市公司并没有真正通过改善公司业绩来实现股价的稳定，从而会增加下一期股价崩盘的风险。从控制变量来看，公司规模（$SIZE$）和资产收益率（ROA）提高都可以降低股价崩盘风险。但是与股票市场有关的变量（$WRET$）前面的系数符号并不统一，这可能与本章选取的样本期间股票市场波动幅度偏大有关。通常来说，控股股东股权质押的时间期限为一年。因而，我们可以认为员工持股计划通过降低股价崩盘风险，降低了当期追加保证金通知的可能性，也缓解了控股大股东控制权转移的风险。

第五节 本章小结

自从 2013 年 5 月 24 日允许证券公司根据股票质押情况向借款人提供质押融资以后，中国上市公司股权质押交易规模也随之快速扩张。本章使用 2014—2018 年的员工持股计划公告数据和控股股东股权质押数据对员工持股计划推出的动因和作用效果进行了考察。研究发现，存在控股股东股权质押的上市公司将员工持股计划视为市值管理的重要手段；为了预防公司股价崩盘风险和控制权转移风险，上市公司控股股东更倾向于在其股权质押期间公布实施员工持股计划来拉抬股价。在进一步研究中发现：存在控股股东股权质押的上市公司通过实施员工持股计划这一市值管理措施达到了暂时降低股价崩盘风险的目的。

具体实证研究结果包括：第一点，存在控股股东股权质押的上市公司更倾向于宣布实施员工持股计划来缓解其控股股东自身面临的控制权转移风险。控制内生性问题后，上述结论依然成立。从控股股东质押规模来看，其质押比例越高，推出员工持股计划的概率也越大。这是因为控股股东质押比例越高，则越容易失去控制权，从而更愿意通过推出员工持股计划来维持公司股价。第二点，根据上市公司控股股东股权性质分为国有控股企业和非国有控股企业，然后对这两类公司分组检验了控股股东是否存在股权质押以及控股股东股权质押规模对推出员工持股计划的影响。研究发现：控股股东股权质押情况与员工持股计划推出之间的正向显著关系只存在于非国有企业中；而对于国有企业来说，这两者之间的正向关系并不显著。第三点，上市公司的内部大股东股权制衡和外部治理能够减小控股股东通过实施员工持股计划来侵占包括员工在内的中小股东利益的动机，表明内部股权制衡和外部机构投资者能够很好地发挥内部和外部监督治理作用。第四点，员工持股计划的实施确实能够降低上市公司当期股价崩盘的风险，从而降低控股股东被强行平仓的概率和控制权转移风险；但是员工持股计划的实施与上市公司下一期的股价崩盘风险正相关。

通过本章实证研究结果可知，存在股权质押的控股股东有动机通过推出员工持股计划释放利好消息来维持公司股价；这意味着员工持股计划并不像公司表面宣称的那样是基于公司长期战略发展目标的考虑，它已经逐渐偏离了员工持股计划的初衷。此时，员工持股计划成为控股股东用来维持股价和进行利益侵占的一种手段。这也从"谁是员工持股计划受益者"的角度回答了"为什么员工持股计划往往难以达到其制度设计的最初目的"这一问题。本章的研究结论给出了上市公司推行员工持股计划的新动机，从而也丰富了员工持股计划的相关文献。

第四章 员工持股计划与大股东减持

我国绝大部分上市公司的股权相对集中，大股东机会主义行为盛行和突出（陈运佳等，2020）。同时，我国证券市场的散户投资者居多，且我国法律对中小投资者的保护不足，这为大股东侵占中小股东利益的行为提供了温床（Fang 等，2015）。而新时期的 ESOPs 在实际实施过程中频频出现亏损，这与致力于以 ESOPs 为手段提高上市公司运作效率的初衷背道而驰，让人不得不对上市公司推行员工持股计划的真正目的生疑。不同于被授予 ESOPs 的员工大多是首次拥有公司的股票，上市公司内部大股东[①]在 ESOPs 之前就持有公司股票。考虑这样的情形：公司二级市场股价表现不佳，内部大股东又想要减持股票且又不想对股价造成影响。在这样的情形下，员工持股计划可能会被上市公司采用。有市场分析指出，在股票二级市场处于低迷时期，通过 ESOPs 能够平抑大股东减持对股价的不利影响。[②] 也难怪市场上有一种"唱衰"员工持股计划的声音认为，ESOPs 存在"让员工接盘"的嫌疑。这也使得研究 ESOPs 与大股东减持股票之间的关系存在现实意义。

---

　　① 根据《上市公司大股东、董监高减持股份的若干规定》等文件，本书中的大股东是指上市公司控股股东以及持股 5% 以上的其他股东。
　　② 参见《中国证券报》2017 年 8 月 4 日 A03 版文章《员工持股计划变形记》。

本章将从大股东减持的角度考察我国上市公司实施员工持股计划的非激励动机，分析 ESOPs 是否存在"以长期效率目标之名，行短期减持套利之实"的嫌疑。换而言之，员工持股计划是否成为大股东减持并借以侵占中小股东利益的工具和手段。陈运佳等（2020）已经从上市公司股价崩盘后市值管理的角度研究了 ESOPs 的实施动机，但没有从大股东减持的角度具体分析实施 ESOPs 的动机。此外，郝永亮等（2019）认为上市公司实施员工持股计划的动机是解禁限售股。即上市公司实施员工持股计划是大股东为了满足其减持的自利动机。然而，目前还没有研究分析上市公司在实施员工持股计划后①，其内部大股东是否真正采取了减持行为。

为了考察上述相关问题，本章使用 2014—2018 年的员工持股计划公告和上市公司大股东减持股票数据，研究了上市公司在实施员工持股计划之后大股东是否采取了更大规模的减持股票行为以及上市公司是否存在为了配合大股东减持股票而推出 ESOPs 的非激励动机等问题。通过实证分析，本章得出以下结论：首先，采用倾向得分匹配法（PSM）对 ESOPs 的短期财富效应进行研究，发现实施员工持股计划的公司在公告期内的一段时间累积超额收益显著高于与之匹配的未实施员工持股计划的公司。其次，相对于没有实施员工持股计划的公司来说，实施员工持股计划的公司大股东在 ESOPs 宣告后减持股票的规模变大了，且大股东利用 ESOPs 的短期公告效应赚取了更高的收益。在克服内生性问题的情况下，上述结论依然显著。但是，绝大部分上市公司在实施 ESOPs 时都对外宣扬：希望通过实施员工持股计划激励员工努力工作，从而提升公司价值。这就表明掌握上市公司的大股东可能存在"口是心非"的悖论行为。最后，本章还发现：当普通员工认购比例高以及认购股票来源为公开市场时，员工持股计划实施与大股

---

① 本章的"实施"主要从上市公司股东大会通过员工持股计划预案后，公司通过购买等手段获取所需股票算起。

东减持股票规模之间的正向关系才显著；员工持股计划的实施强度越大，大股东减持股票的规模也越大，从而尽可能大地赚取减持收益。这就从侧面证实了上市公司实施员工持股计划的动机之一就是帮助内部大股东减持股票并尽量增加减持收益。总体而言，本章从大股东减持的角度揭示了大股东的利益侵占行为。

本章的学术贡献在于：第一，以中国资本市场为背景，本章的研究结论拓宽了员工持股计划相关的研究文献。第二，率先引入了以"公告却未实施员工持股计划的失败案例"为基础的"准自然实验"，证实员工持股计划对大股东减持股票行为的影响，使得本章的研究结论具有稳健性和可靠性，也可以为后续的研究提供一种研究设计思路。第三，通过员工持股计划的合约特征进行大股东减持股票行为的异质性分析，为侧面分析公司实施员工持股计划的利益动机提供了一条新路径。这不仅丰富了关于ESOPs非激励动因的研究，同时也拓展了内部大股东减持股票领域的相关文献，为以后设计制定员工持股有关政策提供了一些理论支持。

本章内容的主要安排是：第一节进行理论分析并提出研究假设；第二节为研究设计，包括模型设定、变量定义以及样本匹配方法；第三节汇报了主要的研究结果并进行相应分析；第四节进一步分析大股东是否通过员工持股计划实现了自己平稳减持股票的目的；第五节为稳健性检验；最后一节为本章的小结部分。

第一节 理论分析与研究假设

一 员工持股计划与短期财富效应

委托代理问题是现代公司治理的重要组成部分，其涵盖的研究范围包括公司内部各成员之间的关系，不仅仅是经理层与股东之间，还有股东与公司员工之间的委托代理问题。Jensen 和 Meckling（1976）认为，通过对员工（包括经理层）给予股权激励可以保持员工与股东利益一致，也能促进员工之间的相互监督，特别是能够促进员工对经理层的监督。员工与股东的利益一致，大大缓解了员工与股东间的委托代理问题；这种一致性无形中还增加了员工对公司的认同感和忠诚度，有利于提升企业在行业内的竞争力。在我国，王烨等（2019）认为员工持股计划与大股东监督之间存在替代效应，即发现了员工持股还能够发挥监督作用。另外，员工持股计划作为一项替代性的薪酬制度，赋予了员工剩余收益索取权，同时创建了一种将员工的薪酬与公司股价表现挂钩的激励机制。如果企业的良好表现带来了公司股票价格的上涨，员工可以分享股价上涨带来的资本收益，增加自己的财富，这也有利于提升员工的工作热情。所以总体来说，ESOPs 是一个利好消息，有利于提升公司股价。

现有文献发现，员工持股计划的实施在提高员工福利的同时也增加了员工跳槽的机会成本，抑制了员工频繁流动（Blasi 等，2016；Sengupta 等，2007）。稳定的团队结构不仅能够节约培训员工的成本，还有助于形成企业特有的人力资本（Zabojnik，2014；Jones 和 Kato，1995）。人力资本的最大价值在于其可以提升企业的创新能力和生产效率。孟庆斌等（2019）以及周冬华等（2019）以我国上市公司为研究样本，得出：员工持股计划能够促进企业研发投资和创新产出。Kumbhakar 和 Dunbar（1993）将企业实施员工持股计划的年数作为参数纳入企业生产函数建模，并利用实证数据发现：实施员工持股计划每增加一年，企业的劳动生产效率大约提高 2 个百分点。Sesil 等（2002）根据美国新经济公司的数据同样得出员工持股计划能够有效提升员工的人均产出。利用韩国企业的数据，Cin 和 Smith（2002）发现企业实施 ESOPs 后大约能够提升 2.6% 的产出。此外，Chang 等

（2015）证实，由于股票期权具有容忍短期失败和奖励长期成功的风险承担机制，因此能够鼓励员工为创新进行长期人力资本投资；这就意味着员工股票期权对企业创新具有显著的正向影响。通过以上分析，理论上 ESOPs 能够有效地激励员工，从而提升企业价值以及增加股东财富。

Chang 和 Mayers（1992）实证发现，通过授予员工股票能够增加管理层的投票权，进而在一定程度上间接增加公司价值。Ginglinger 等（2011）根据法国特殊的董事选举制度进行研究发现，员工购买雇主的股票可以在一定程度上增加公司价值。Park 和 Song（1995）研究了企业实施员工持股计划的长期效应，他们使用托宾 Q 值、账面市值比和资产收益率衡量企业长期绩效后发现，员工持股计划显著提高了公司的平均绩效。黄桂田和张悦（2009）以及张小宁（2002）对我国员工持股数据进行分析，也发现其对公司绩效有显著的正向影响。

上述文献发现员工持股能够激励员工，从而提升公司业绩；但是还有文献讨论了企业如何利用员工持股计划进行收购防御（Gordon 和 Pound，1990；Beatty，1995；Chaplinsky 和 Niehaus，1994；Core 和 Mehran，1998；Kim 和 Ouimet；2014）和缓解融资约束（孙即等，2017；Core 和 Guay，2001；Babenko 等，2011）等非激励目的。Gordon 和 Pound（1990）在研究员工持股计划对股东财富的影响时指出，财富效应的方向取决于员工持股计划是否真被作为旨在最大化公司价值的长期商业战略。那些用于抵御恶意收购、防止控制权转移的员工持股计划造成了股票价值的下降。Core 和 Guay（2001）分析影响企业实施 ESOPs 的影响因素后发现，当公司面临更多资本需求或面临融资约束时，更偏好实施员工持股计划。Babenko 等（2011）发现，当上市公司面临高的投资资金需求时，员工股票期权的行使为公司带来的大量现金注入可以代替昂贵的外部资金来源。尽管并不是所有的员工持股计划都出于激励目的从而产生正向收益，但我国股票市场仍然是以散户为主（吴悠悠，2017；钟宁桦等，2018；李心丹等，2014），由于存在信息不对称，这些投资者很难辨别上市公司实施员工持股计划的真实动机。这些散户通常会认为上市公司推出ESOPs是为了激励员工，不会让员工出现浮亏的情况，所以，他们将ESOPs视为重要投资参考，员工持股计划也比较受这些投资者的追捧，公司员工持股计划宣告后就会吸引他们买入，带动股价暂时性上涨。根据以上所有分析，本章提出以下假设。

假设H1：投资者对上市公司实施员工持股公告会产生正向反应，ESOPs宣告能给股东带来短期财富效应。

二 员工持股计划与大股东减持

1932年，Berle和Means从理论上提出了企业的两权分离会带来企业股东与经理人之间利益不一致问题，此后经济学家开始对该问题进行深入的研究。然而，La Porta等（1999）利用27个经济体的企业数据发现，很多经济体都存在大股东持股现象，也就会出现大股东侵占中小股东利益的现象。其侵占行为可以表现为：上市公司大股东利用员工持股计划这一好消息来为自己减持股票的行为拉抬股价，而不是真正地为了激励员工以及为公司创造更多价值；这意味着有些公司大股东可能隐瞒了实施员工持股计划的真实意图，从而对包括员工在内的中小股东造成利益侵占。吴育辉和吴世农（2010）利用我国上市公司内部大股东减持股票数据研究发现：大股东减持股票之前会采取策略性信息披露手段。在此之后，谢德仁等（2016）和鲁桂华等（2017）也得出了相似的结论。

员工持股计划的推行，为大股东减持股票提供了很好的时机。员工持股计划公告有利于引起投资者对公司的关注，尤其是对于比较喜欢

"概念股"的中国股民。由于提出员工持股计划的初衷是作为最大化公司价值的一种长期商业战略，理论上员工持股计划能够提高公司的长期绩效。因此，员工持股计划被一部分外部投资者视为"利好消息"，这使得ESOPs的短期财富效应通常为正（王砾等，2017；Chang等，2015）。而公司大股东尤其是管理层大规模减持股票可能蕴含着不利的私人信息，市场往往给予负面反应（Ataullah等，2014）。公司大股东大规模减持股票现象与员工持股计划同时发生，在一定程度上能够缓解大股东大规模减持的折价损失。这与Noe（1999）、Cheng和Lo（2006）的发现是一致的。Noe（1999）发现，管理层在披露好的盈利预测消息后，内部人减持股票数量会增加；Cheng和Lo（2006）发现经理们在利好消息发布后卖出的股票比利空消息发布后卖出的股票明显要多，并将这种借助好消息卖出更多股票的行为称为"pump and dump"。针对中国上市公司内部大股东减持股票问题，蔡海静等（2017）研究发现，公司"高送转"行为与大股东减持股票规模成正向显著关系。曾庆生等（2018）根据上市公司年报的文本数据发现，公司内部交易人（主要指的是高管）存在利用年报语调操纵而进行"口是心非"式的减持股票行为。此外，实际上员工持股计划的一些制度设计特征也可以为大股东减持股票提供便利。比如，员工持股计划实施总量上限可为公司总股本的10%[①]，这足以承接大股东减持数量。

大股东和管理层作为公司内部人通常具有更多私人信息，如果他们认为公司股票的当前市场估值过高或预期收益低，就会期望出售手中的大量股票（Ke等，2003；Piotroski和Roulstone，2005）。但如果大

[①] 上市公司实施员工持股计划试点的指导意见中规定："上市公司全部有效的员工持股计划所持有的股票总数累计不得超过公司股本总额的10%，单个员工所获股份权益对应的股票总数累计不得超过公司股本总额的1%。"

股东大规模减持股票不能给市场一个合理的理由，大股东就不得不承担巨大的市场折价损失。根据 Tehranian 等（1987）的发现，与没有长期薪酬计划的公司相比，具有长期薪酬计划的公司的股票抛售（sell off）公告期内的累积超额收益显著为正。可见，员工持股计划与大股东和管理层大规模减持股票同时出现的确能让减持股票大股东获得更高的收益。

大股东和管理者出于降低自身存在的风险需要，也存在减持公司股票的动机。对于上市公司来说，虽然高管的减持会弱化"董事会原本想通过股票薪酬激励经理人为提高公司业绩而加倍努力"的激励效果，但如果公司试图用股票奖励替代更昂贵的现金薪酬（股票奖励可以享受税率补偿），公司仍可能会默许管理层的大规模出售（Ofek 和 Yermack，2000）。按照现代投资组合理论的逻辑，投资者（这里也包含持股高管）需要分散投资的非系统性风险，特别是持股比例较高的高管就不应该再大量持有其所在公司股票。因此，在通过员工持股计划获得公司股票后，这些高管有可能出售他们已经拥有的原股份。即使高管得到的是期权而不是股票，他们也可能通过出售一定数量的股票来"对冲"股票期权奖励带来的风险。现实中反映这种需求的一个案例是：由于美国公司高管相较于英国公司高管的个人投资组合更加单一，美国高管根据非公开消息决定期权执行时卖出的股票比例远高于英国高管（Kyriacou 等，2010）。通常来说，上市公司在实施员工持股计划后，公司员工一般不会直接持有公司股票，也不能随意交易这些股票；公司大都是通过合伙企业、信托计划以及资产管理计划等形式持股。而这些持股平台的管理人很大概率是大股东或实际控制人或其关联方，因而他们实际上控制了公司的 ESOPs。在大股东控制员工持股平台后，购买股份的时点及规模也就由公司大股东和管理层决定了。这就意味着公司大股东和持有公司股份的高管都有动机且有能力维持甚至推高公司股价以获取的减持收益。根据以上分析，本章提出以下假设。

假设 H2：与没有实施员工持股计划的上市公司相比，实施了员工持股计划的公司大股东减持股票的规模更大。

上市公司大股东有可能出于获取资金的需要或者多样化投资需求而在员工持股计划宣告后采取减持股票的行为。所以，根据本章的研究假设 H2 并不能完全断定公司大股东出于利益侵占动机而进行减持；仅能说明上市公司实施员工持股计划之后，公司大股东确实采取了更显著的减持股票行为，即 EOSPs 实施与公司大股东减持股票数量和比例之间为正向关系。总之，虽然这种正向关系已经在一定程度上能让我们怀疑其存在利用 ESOPs 进行利益侵占的动机，但是不能断定上市公司出于配合大股东减持股票的目的而推出员工持股计划。有鉴于此，本章以上市公司在设计员工持股计划条款时（即实施 ESOPs 之前）的差异性为出发点来分析其是否存在为配合大股东减持股票而推出 ESOPs 的非激励动机。

首先，员工持股计划实施对象包括普通员工和高管，对于不同的上市公司，这两类对象的持股数量和比例存在较大的差异。根据信息不对称理论，相对于普通员工来说，高管持股能够更大程度地抑制第二类委托代理问题（黄桂田和张悦，2009）。即公司高管相对于普通员工具有更多的内部消息，信息不对称问题较小，而且高管的谈判能力更强，能够更好地抑制大股东的利益侵占行为，从而有效地保证其自身利益。已有大量文献发现公司内部大股东存在机会主义行为，即上市公司在设计员工持股计划条款时存在利用 ESOPs 帮助公司大股东减持股票套利的动机。那么，我们可以推断：当员工持股计划条款设计中高管员工认购股份比例更高时，公司员工持股计划实施后，其大股东减持股票的行为应该不显著；反之，当以普通员工为主要认购对象时，公司实施员工持股计划后，其大股东更容易出现增加减持股票规模的行为，进而侵占包括普通员工在内的中小股东利益。

其次，我国员工持股计划实施的股票来源主要有：上市公司回购本公司股票；二级市场购买；非公开发行股票；股东自愿赠予；法律、行政法规允许的其他方式。① 参照呼建光和毛志宏（2016）的研究，我们可以将认购股票来源分为公开市场和非公开市场，非公开市场主要指非公开发行和股东自愿赠予。Chang 等（2015）的研究显示，员工购买股票的折价越高，则持股计划激励动机越强。因此，当上市公司以非公开发行增量股份和现有股东赠予股份作为 ESOPs 股票来源时，实施员工持股计划更大概率是为了激励员工，公司大股东不存在利用减持股票侵占中小股东利益的动机。然而，当员工持股计划从公开市场购买股票授予员工时，这会在一定程度上造成公司可交易的股票数量减少②，由此造成的公司股票供需变化也可能引起公司股票价格的正向调节，这有利于提升减持股东的收益。此外，通过公开市场获得股票来实施员工持股计划因不涉及非公开发行等程序，操作成本更低，推行过程也更为便捷。总体来说，以公开市场购买股票作为员工持股计划实施的股票来源更具有非激励动机的市值管理特征（陈运佳等，2020）。因此，我们可以预期，当实施员工持股计划的股票来源于非公开发行市场时，员工持股计划开始实施后一段时间大股东增大减持股票规模的行为应该是不显著的；而当公司员工持股计划实施股票来源于公开市场时，员工持股计划开始实施后一段时间大股东会更显著地增加减持股票规模。基于以上分析，本章提出以下研究假设。

---

① 详见证监会《指导意见》中"员工持股计划的主要内容"部分。
② 员工持股计划股票都有一定的锁定期，至少在锁定期内，该公司股票的市场供给是下降的。并且在锁定期内，公司通常将员工持股计划股票交由受托人统一管理而不是让员工自由买卖，限制了被纳入员工持股计划股票的流动性和市场供给。

假设 H3：与高管认购 ESOPs 股份比例高相比，当普通员工为 ESOPs 的主要认购对象时，上市公司员工持股计划实施与大股东减持股票规模之间的正向关系更为显著；当 ESOPs 实施股票来源于公开市场时，上市公司员工持股计划实施与大股东减持股票规模之间的正向关系更为显著。

此外，通常来说，大股东利用其信息优势进行股票减持时，不仅存在"择时"（timing）问题，而且在交易规模上也应该存在相应的策略安排。比如蔡海静等（2017）就发现：上市公司"高送转"强度越大，大股东减持股票规模越大。类似地，上市公司在披露实施员工持股计划的强度越大（表示员工购买的份额占上市公司流通股份额越大），就意味着市场能够承受的减持股票规模越大；那么当内部大股东选择在宣告实施员工持股计划之后进行减持时，其减持股票数量进一步增加也不会引发市场股价的大幅下跌。作为理性的公司内部大股东，他们将会倾向于选择卖出更大份额的股票，从而尽可能多地赚取减持收益。因此，本章提出以下研究假设。

假设 H4：当内部大股东选择在实施员工持股计划之后进行减持时，员工持股计划的实施强度越大，大股东减持股票规模也越大。

第二节　数据说明与研究设计

一　数据说明

本章节选取 2014—2018 年我国上市公司数据研究员工持股计划能否带来短期财富效应，以及大股东是否会利用短期收益增加股票减持规模。因此，一方面，本章利用倾向得分匹配法（PSM）为实施员工持股计划的公司匹配性质相似的未实施员工持股计划的公司作为

"同胞兄弟",以考察员工持股计划的短期宣告效应。另一方面,构建由员工持股计划公告数据集与大股东减持股票数据集组成的数据集,研究员工持股计划与大股东减持股票规模之间的关系。主要的数据来源如下。

员工持股计划公告数据来源于 Wind 数据库以及巨潮资讯,一共获得816条公告记录作为基础样本数据。为了增强样本之间的可比性,本章对这些基础数据做了筛选。首先剔除了员工持股计划当前尚未实施(如目前停留在股东大会通过和董事会预案阶段)、取消或停止实施(如股东大会未通过)及当前状态不明确的记录,共127条;然后得到处于实施状态的样本记录689条。对于这些实施样本进一步筛选:第一,删除报告了多条具有同一个预案日的记录。第二,对于同一年的不同日期发布了多次公告的,为防止产生叠加效应,则仅保留第一条。第三,考虑到金融行业的特殊性,去掉了金融类行业公司。经过上述筛选后,本书最终的样本包括完整实施了员工持股计划的555家公司,总共657条员工持股计划公告数据。

公司大股东减持股票数据来自 Wind 数据库,公司财务数据来自 CSMAR 数据库。大股东减持股票数据给出了每个公司不同的大股东在每年不同时间每次减持股票的数量。因为反映单个大股东减持股票程度的个体异质性会被加总起来的年度数据抹杀掉,所以,本章将以减持大股东个体为横截面的减持股票数据集与员工持股计划数据集合并用于回归检验,合并数据集共有样本2942条。同时,为了考察是否实施员工持股计划对大股东减持股票数量造成的影响,本章将实施员工持股计划的公司和未实施员工持股计划的公司组成的样本一起与大股东减持股票数据样本合并,一共获得7740条样本,用来研究员工持股与大股东减持股票规模之间的关系。同时,为了控制一些极端观测值的影响,本章对所有的连续变量进行了1%—99%的 Winsor 处理。

二 模型设定与变量定义

(一) 模型设定

本章主要研究上市公司员工持股计划的实施是否会带来公司的短期财富效应,并重点分析大股东是否会进一步利用短期财富效应增加股票的减持规模。为了检验研究假设 H1,本章设定以下回归模型:

$$CAR = \alpha + \beta ESOP + \gamma Controls + \sum Industry + \sum Year + \varepsilon \quad (4-1)$$

其中,CAR 为被解释变量,主要解释变量 ESOP 表示该公司该年度是否实施员工持股计划的虚拟变量,Controls 表示控制变量,ε 表示随机扰动项。模型还分别使用年度哑变量和行业哑变量来控制时间固定效应和不可观测的行业固定效应,在回归时本章采用了基于个体聚类的稳健标准误。借鉴现有的研究(王砾等,2017;Fang 等,2015),选取公司规模(SIZE)、第一大股东持股比例(BIGR)、上市年数对数(AGE)、资产负债比(LEV)、总资产收益率(ROA)、营业收入增长率(SGR)、机构持股比例(INSTO)、本科及以上学历员工占比(EDU)作为控制变量。

为了检验研究假设 H2 和假设 H3,本章节使用以下模型设定:

$$JC\_size = \alpha + \beta ESOP + \gamma Controls + \sum Industry + \sum Year + \varepsilon \quad (4-2)$$

其中,被解释变量 JC_size 表示上市公司推行员工持股计划后的存续期内大股东减持股票的规模,核心解释变量 ESOP 表示公司当年是否实施了员工持股计划,如果公司当年实施取 1,否则取 0,Controls 表示控制变量集合,模型包含了公司的行业固定效应和年度固定效应,ε 表示回归模型波动项,在回归时本章采用了基于个体聚类的稳健标准误。借鉴沈红波等(2011)、蔡海静等(2017)以及曾庆生等(2018)的研究,控制变量的选取如下:是否为大流通股股东

(*DALIU*)、是否是第一大股东（*TOP* 1）、第一大股东持股比例（*BIGR*）、股权制衡度（*HERF*）、市盈率（*PE*）、减持前30天累积市场收益率（*MCR*）、是否超过市场超预期（*EPSE*）、总资产的对数（*SIZE*）、前三年平均净利润增长率（*SGR* 3）、总资产净利润率（*ROA*）。其中，对于是否是大流通股股东（*DALIU*）这一变量，本节将减持前持有流通股数量在公司流通股中所占比例超过5%的股东定义为大流通股股东，不足5%的定义为小流通股股东。股权制衡度（*HERF*）等于第2—5位流通股大股东持股比例的平方和。是否超过市场超预期（*EPSE*）的计算基于CSMAR数据库中的分析师预测数据库，该数据库记录了每位分析师在年底前的某一日给出的以当年12月31日为预测终止日的每股收益预测值。为保证数据的有效性，本书将预测终止日之后公布的预测删除，当同一个预测师对同一只股票做出针对同一个预测终止日的多次预测时，只保留最近一次日期的预测值。是否超过市场超预期（*EPSE*）的计算过程如下：首先，定义"分析师预测偏差=（每股实际收益−每股收益预测）/每股收益预测的绝对值"，并计算出每名分析师对每只股票的预测偏差。然后，求出所有分析师在某只股票上的预测偏差的中位数，称为该股票该年的超预期比例。最后，将同一预测终止日所有股票的超预期比例的中位数作为市场超预期比例，定义超预期比例大于市场超预期比例的记录的*EPSE*为1，否则为0。

为了检验研究假设H4，本章对实施员工持股计划并发生了大股东减持的公司样本，设定以下模型：

$$JC\_size = \alpha + \beta ESOP\_ratio + \gamma Controls + \sum Industry + \sum Year + \varepsilon$$

(4−3)

其中，被解释变量 *JC_size* 表示上市公司推行员工持股计划后的存续期内大股东减持股票的规模，核心解释变量 *ESOP_ratio* 表示员工持股计划实施强度,利用实施员工持股计划的股票数量与公司流通总股数之比来衡量,Controls 表示控制变量集合(与 4.2 相同),本模型包含了公司的行业固定效应和年度固定效应,ε 表示回归模型的波动项,在回归时本章采用了基于个体层面聚类的稳健标准误。

(二) 变量定义

根据上述模型设定,总结主要解释变量和所有被解释变量的定义见表 4-1。

表 4-1　　主要变量定义表

变量名称	变量符号	变量定义
员工持股计划哑变量	ESOP	若该公司该年度实施员工持股计划则取值为 1,否则为 0
员工持股计划强度	ESOP_ratio	员工持股计划实施总股数/公司流通股总数
普通员工认购比例	EM_ratio	普通员工认购股数/员工持股计划实施总股数
普通员工持股比例	EMES_ratio	普通员工认购股数/公司流通股总数,也等价于 ESOP_ratio * EM_ratio
累积超额收益	CAR	事件日前后个股累积超额收益
大股东减持股票规模	AMT	ESOPs 存续期间公司大股东减持股票数量的对数
大股东减持股票规模	TTBL	ESOPs 存续期间公司大股东减持股票数量占公司总股份的比例(%)
大股东减持股票规模	LTBL	ESOPs 存续期间公司大股东减持股票数量占市场流通股比例(%)
公司规模	SIZE	公司总资产的对数
公司年龄	AGE	上市年数的对数

续表

变量名称	变量符号	变量定义
资产负债比	LEV	总负债/总资产
营业收入增长率	SGR	当期营业收入/上期营业收入
总资产收益率	ROA	净利润/总资产
第一大股东持股比例	BIGR	第一大股东持股/总股数
机构持股比例	INSTO	外部机构持股/总股数
教育情况	EDU	本科及以上学历员工/公司总员工
大小流通股股东	DALIU	减持股东为大的流通股股东取1,否则取0
第一大股东虚拟变量	TOP 1	如果减持股东是第一大股东取值为1,否则取0
股权制衡度	HERF	减持前第二到第五大股东持股比例平方和
减持前一天市盈率	PE	公司股价/每股净利润
市场收益率	MCR	减持前30天累积市场收益率
是否超过市场超预期	EPSE	公司业绩超过市场预期取1,否则取0
净利润增长率	SGR 3	前三年平均净利润增长率

(三) 短期累积超额收益的计算

参考已有文献（Brown 和 Warner, 1985；王砾等, 2017；Fang 等, 2015），本章按照标准的事件研究法评估员工持股计划对公司股票收益率的影响。员工持股计划有"董事会预案日""股东大会公告日""实施完成日"[①]"锁定期结束日"四个重要日期，考虑到市场公开信息最早在"董事会预案日"被投资者得知，因此，本章将员工持股计划

---

① 这里的"实施完成日"源于 Wind 数据库，指上市公司开始通过购买等手段获取股票的行为完成；然后，公司员工所获股票将会进入锁定期。

"董事会预案日"作为事件发生日。为了保证结果的稳健性，本章对每个公司分别采用市场模型、CAPM 模型、FF 3 模型和 FF 5 模型这四个模型计算员工持股计划"董事会预案日"[-1, 1]、[-3, 3]、[-5, 5]、[0, 3] 和 [0, 10] 这五个时间窗口内的累积超额收益率（CAR）。累积超额收益率（CAR）的计算方法为：使用估计窗 [-210, -30] 内的记录进行回归，得到各个模型的系数，进而将该系数连同事件窗口内每天的收益率数据回代到模型中求得模型的残差作为每日的超额收益（AR），累积超额收益（CAR）则是时间窗内每天的超额收益（AR）的简单加总。四个模型的定义如下。

市场模型：

$$R_{i,t} = \alpha_i + \beta_i R_{m,t} + e_{i,t} \quad (4-4)$$

CAPM 模型：

$$R_{i,t} - R_{f,t} = \alpha_i + \beta_i (R_{m,t} - R_{f,t}) + e_{i,t} \quad (4-5)$$

FF 3 模型：

$$R_{i,t} - R_{f,t} = \alpha_i + \beta_{1i}(R_{m,t} - R_{f,t}) + \beta_{2i}SMB_t + \beta_{3i}HML_t + e_{i,t} \quad (4-6)$$

FF 5 模型：

$$R_{i,t} - R_{f,t} = \alpha_i + \beta_{1i}(R_{m,t} - R_{f,t}) + \beta_{2i}SMB_t + \beta_{3i}HML_t + \beta_{4i}RMW_t + \beta_{5i}CMA_t + e_{i,t} \quad (4-7)$$

其中，$e_{i,t}$ 为随机扰动项，股票收益率（$R_{i,t}$）使用的是考虑现金红利再投资的日个股回报率，市场收益率（$R_{m,t}$）使用的是按流通市值加权考虑的现金红利再投资的日平均市场回报率，无风险利率（$R_{f,t}$）使用的是一年期定期存款利率，FF 3 中的因子模型中使用的三个因子是按流通市值加权的市场风险溢价因子（$R_{m,t} - R_{f,t}$）、市值因子（SMB_t）、账面市值比因子（HML_t），FF 5 模型相对于 FF 3 模型添加的两个因子是盈利能力因子（RMW_t）、投资模式因子（CMA_t）。其中，市场风险溢价因子等于股票市场期望收益与无风险投资收益之差，市值因子等于小市值公司与大市值公司股票期望收益之差，账面市值比因子等于高账面市值比公司与低账面市值比公司股票期望收益之差，盈利能力因子等于高盈利公司与低盈利公司股票期望收益之差，投资模式因子等于再投资比例低的公司与再投资比例高的公司股票期望收益之差（Fama 和 French，2015）。

三 样本匹配

由于员工持股计划实施的动机多种多样，实施 ESOPs 的公司与没有实施 ESOPs 的公司在结果上的差异可能仅仅反映了两组样本事前存在的差异，即实施员工持股计划公司可能是因为它们共同具有的某些自身因素驱动才导致这些公司做出了实施 ESOPs 的行为。加之实施员工持股计划的公司数在上市公司总数中所占比例仍然较小，而且实施员工持股计划的公司也不是有规律地每年都推行 ESOPs。因此，直接比较实施员工持股计划的公司和没有实施员工持股计划的公司极易受到公司自身内部特征的干扰，从而对研究结果产生影响。为此，本章使用倾向得分匹配（PSM）方法对样本进行处理。

具体地，首先利用 1:1 最近邻配对法从未发行 ESOPs 的公司中寻找一个与实施员工持股计划倾向得分值最接近的公司作为其对照组，从而构建出实验组（ESOPs 组）和对照组（非 ESOPs 组）。在进行 PSM 匹配时，参照王砾等（2017）和孟庆斌等（2019）的做法，选取公司规模（$SIZE$）、第一大股东持股比例（$BIGR$）、机构持股比例（$INSTO$）、上市年数对数（AGE）、总资产收益率（ROA）、资产负债比（LEV）、营业收入增长率（SGR）、本科及以上学历员工占比（EDU）以及行业虚拟变量（$Industry$）和年度虚拟变量（$Year$）作为控制变量进行分析，所得结果见表 4-2。

表4-2　　　　　　　倾向得分匹配（PSM）回归估计结果

变量	匹配前			匹配后		
	回归系数	标准误	Z检验值	回归系数	标准误	Z检验值
SIZE	0.132	0.045	2.92***	0.003	0.063	0.05
AGE	-0.505	0.069	-7.31***	-0.013	0.098	-0.13
LEV	-0.193	0.289	-0.67	-0.202	0.403	-0.5
SGR	0.186	0.064	2.89***	0.024	0.101	0.24
ROA	3.142	0.999	3.15***	-0.530	1.438	-0.37
BIGR	-0.744	0.329	-2.26**	-0.309	0.462	-0.67
INSTO	-0.109	0.229	-0.48	0.093	0.311	0.3
EDU	-0.001	0.003	-0.10	-0.002	0.003	-0.78
Constant	-5.060	1.040	-4.87	0.261	1.659	0.16
Industry	已控制			已控制		
Year	已控制			已控制		
	Log Likelihood = -2 132.416			Log Likelihood = -847.308		
	Pseud-R^2-Square = 0.074			Pseud-R^2-Square = 0.0013		

注：***、**、*分别表示估计结果在1%、5%、10%的水平下显著。

从表4-2中匹配前的结果可以发现，公司规模、上市年龄、营业收入增长率、资产收益率和第一大股东占比等变量会显著影响上市公司实施员工持股计划的倾向。具体而言，规模大、营业收入增长率高、总资产收益率高的公司更可能实施员工持股计划，而上市时间较长的成熟公司和股权集中度较高的公司反而更不倾向于实施员工持股计划。从表4-2中匹配后的结果可知，所有变量的影响均变得不再显著。可见，PSM方法能够有效地控制一系列影响上市公司实施员工持股计划概率的变量，消除两组公司在可见维度上的显著差异。这也表明本章所使用的倾向得分匹配方法有效性得到了验证。

图4-1是处理组和控制组公司样本通过倾向匹配得分的最近邻匹配之前和之后的概率密度图。根据图4-1（a）可知，处理组和控制组在匹配之前，其密度分布差异很大，如果直接利用这个样本进行员工持股计划对大股东短期财富效应和大股东减持股票规模的影响分析，可能会因为样本自身的问题对研究结果产生影响。根据图4-1（b）可知，通过匹配后的处理组（实施员工持股计划）和控制组（未实施员工持股计划）概率密度分布几乎完全重合，再次说明本章所采用的最近邻匹配方法是有效的。

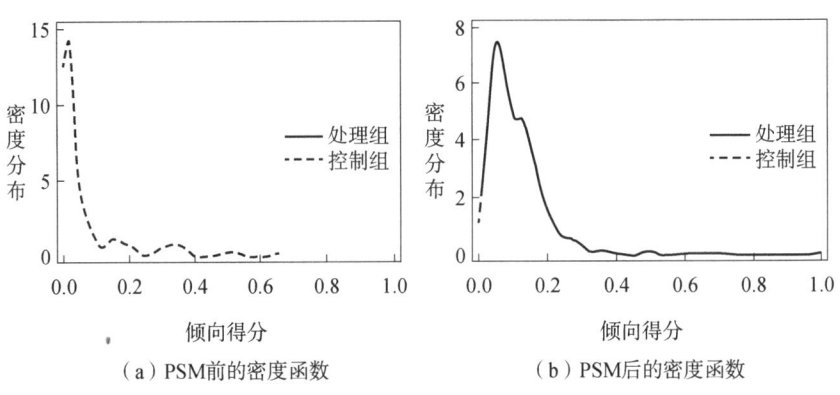

（a）PSM前的密度函数　　　（b）PSM后的密度函数

图4-1　倾向得分概率密度

经过上述最近邻倾向得分匹配后，657条实验组样本中的612条得到匹配且每条实验组样本各自获得1条对照组样本，于是形成了由实验组样本和控制组样本共同组成的1224条样本集合。在匹配完成后，本章给对照组样本公司设置一个与对应实验组相同的虚拟持股计划公告日和减持起始日。

第三节 实证结果及分析

一 描述性统计分析

表4-3对我国上市公司实施员工持股计划的资金来源和股票来源以及上市公司自身所处行业特征、上市板块和公司股权性质等情况进行了描述统计分析。

表4-3 员工持股计划实施样本分布统计结果

分类	样本数	比例(%)	在占上市公司中所占的比例(%)
Panel A：资金来源			
员工薪酬及自筹资金	495	72.69	—
持股计划奖励金	12	1.76	—
股东或者实际控制人借款	9	1.32	—
向第三方融资	1	0.15	—
多种方式并存	164	24.08	—
Panel B：股票来源			
二级市场购买	526	77.24	—
非公开发行	121	17.77	—
股东赠予	2	0.29	—
上市公司回购	11	1.62	—
多种方式并存	21	3.08	—
Panel C：上市公司性质			
国企	56	8.22	—
非国企	625	91.78	—

续表

分类	样本数	比例(%)	在上市公司中所占的比例(%)
Panel D：板块分布			
创业板	199	29.22	25.88
主板和中小板	482	70.78	16.22
Panel E：行业分布			
农、林、牧、渔业	13	1.91	28.26
采矿业	8	1.17	9.88
制造业	442	64.9	18.97
电力、热力、燃气及水生产和供应业	11	1.62	10.00
建筑业	26	3.82	26.26
批发和零售业	24	3.52	13.87
交通运输、仓储和邮政业	9	1.32	8.11
住宿和餐饮业	1	0.15	10.00
信息传输、软件和信息技术服务业	69	10.13	25.00
金融业	6	0.88	6.12
房地产业	24	3.52	18.75
租赁和商务服务业	11	1.62	21.57
科学研究和技术服务业	7	1.03	13.21
水利、环境和公共设施管理业	13	1.91	26.00
教育	2	0.29	33.33
卫生和社会工作	6	0.88	60.00
文化、体育和娱乐业	7	1.03	12.07

续表

分类	样本数	比例(%)	在上市公司中所占的比例(%)
综合	2	0.29	6.06
总计	681	100	—

注：为了更加全面地反映上市公司员工持股计划实施情况，表4-3中涵盖了金融类公司以及一年内不同时期多次实施员工持股计划的上市公司。

从表4-3的Panel A可知，我国上市公司实施员工持股计划的资金来源主要是员工薪酬及自筹资金；并且在以多种方式为持股融资模式中大部分都含有自筹资金。这与美国等西方国家有很大的不同，那些国家实施ESOPs的资金主要来源于企业年金和养老金等期限较长的税前资金，员工一般不需要支付任何现金。[①] 从表4-3的Panel B可知，我国上市公司实施员工持股计划的股票来源主要是二级市场购买，其比例高达近80%。从表4-3的Panel C上市公司股权性质来看，我国以非国有控股上市公司实施员工持股计划居多。在经济新常态下，提高国有企业的经济活力对中国经济的持续增长至关重要。国企混合所有制改革正是致力于进一步消除国有企业积聚的弊病，优化国有企业的产权结构和治理结构，推动国有企业快速发展。从表4-3的Panel D可知，创业板相对于主板和中小板更倾向于实施员工持股计划。从表4-3的Panel E的行业分布来看，卫生和社会工作行业、教育行业以及信息传输、软件和信息技术服务业都更倾向于实施员工持股计划。总体来说，那些需要团队合作和创新的行业更加愿意实施员工持股计划；但是，我国上市公司中科学研究和技术服务业的员工持股计划实施比例不是很高。

表4-4报告了实施了员工持股计划且发生大股东减持股票样本

---

① 参见徐永前《员工持股、股权激励与上协调律师制度》，法律出版社2015年版。

(处理组)以及实施员工持股计划加上其匹配样本(处理组+对照组)中主要变量的描述性统计结果。从表4-4的处理组样本来看,员工持股计划认购的股票比例均值为2.2%;普通员工认购股票在员工持股计划实施总额中所占比例为71.8%。公司大股东平均减持股票规模达到上市公司流通股票的0.5%。从两类样本中都可以得出,我国上市公司市盈率偏高。对于倾向得分匹配后的样本来说,有大约48.1%的观测样本实施了员工持股计划。

表4-4 主要变量的描述性统计

变量	处理组+对照组样本				处理组样本			
	样本数	均值	标准差	中位数	样本数	均值	标准差	中位数
ESOP	7440	0.4805	0.500	0.000	—	—	—	—
ESOP_ratio	—	—	—	—	2863	0.022	0.021	0.017
EM_ratio	—	—	—	—	2719	0.718	0.211	0.750
AMT	7151	12.320	2.703	12.510	2942	12.348	2.749	12.658
LTBL	7134	0.004	0.009	0.001	2933	0.005	0.009	0.001
TTBL	7151	0.003	0.005	0.001	2942	0.003	0.005	0.001
DALIU	7151	0.333	0.471	0.000	2942	0.287	0.453	0.000
TOP1	7440	0.241	0.428	0.000	2942	0.307	0.461	0.000
BIGR	7440	0.317	0.140	0.290	2942	0.302	0.120	0.292
HERF	7440	0.007	0.012	0.003	2942	0.006	0.010	0.003
PE	5053	86.842	119.708	53.311	2688	71.360	67.641	51.076
MCR	7440	0.001	0.004	0.000	2942	0.001	0.004	0.000
EPSE	5992	0.422	0.494	0.000	2376	0.455	0.498	0.000

续表

变量	处理组+对照组样本				处理组样本			
	样本数	均值	标准差	中位数	样本数	均值	标准差	中位数
SIZE	7440	21.711	1.098	21.506	2942	22.191	0.922	22.092
SGR3	5583	-0.028	1.227	0.001	2269	0.014	0.413	0.003
ROA	7440	0.054	0.047	0.048	2942	0.052	0.047	0.051

注：从表4-4的描述性统计来看，由于部分公司的每股收益为0，导致市盈率（PE）缺失值较为严重。

二 员工持股计划短期财富效应

（一）短期累积超额收益的单变量检验

本章对每个公司分别采用市场模型、CAPM模型、FF3模型和FF5模型这四个模型计算了员工持股计划"董事会预案日"[-1,1]、[-3,3]、[-5,5]、[0,3]和[0,10]这五个时间窗口内的累积超额收益率（CAR）。对于每个时间窗口内的CAR值，本章首先对每个分组进行了均值是否异于0的均值T检验，然后对两个分组进行了差值T检验，所得结果见表4-5。

表4-5 非ESOPs和ESOPs公司在持股计划预案公告日累积超额收益的比较分析

模型	组间差异	$CAR[-1,1]$	$CAR[-3,3]$	$CAR[-5,5]$	$CAR[0,3]$	$CAR[0,10]$
市场模型	非ESOPs组	0.0141***	0.0104***	0.0021***	0.0111***	0.0328***
	ESOPs组	0.0326***	0.0350***	0.0405***	0.0332***	0.0429***
	差值	0.0184***	0.0246*	0.0384***	0.0221**	0.0101*

续表

模型	组间差异	CAR[-1,1]	CAR[-3,3]	CAR[-5,5]	CAR[0,3]	CAR[0,10]
CAPM 模型	非 ESOPs 组	0.0143***	0.0107***	0.0025***	0.0114***	0.0338***
	ESOPs 组	0.0326***	0.0350***	0.0404***	0.0332***	0.0429***
	差值	0.0183***	0.0243*	0.0379***	0.0217*	0.0091***
FF 3 模型	非 ESOPs 组	-0.0030***	-0.0091***	-0.0172*	-0.0042***	-0.0047***
	ESOPs 组	0.0305***	0.0314***	0.0363***	0.0304***	0.0387***
	差值	0.0335***	0.0405***	0.0535***	0.0345***	0.0435***
FF 5 模型	非 ESOPs 组	-0.0021***	-0.0084***	-0.0167*	-0.0041***	-0.0051***
	ESOPs 组	0.0296***	0.0304***	0.0347***	0.0290***	0.0369***
	差值	0.0317***	0.0388***	0.0514***	0.0331***	0.0420***

注：***、**、* 分别表示估计结果在1%、5%、10%的水平下显著。

从表4-5可知，无论是ESOPs公司还是非ESOPs公司，其事件窗口期超额异常收益都显著异于零，且不同模型有较大的差异，在一定程度上说明我国股票市场的非有效性，始终存在一些"异象"因子可以获取阿尔法收益。在事件发生日前后一天和前后一周的时间窗内ESOPs组的 CAR 均值显著高于对照组的 CAR 均值，而且随着时间窗口的扩大，ESOPs组的累积超额收益不断增加，且其累积超额收益增加的速度高于非ESOPs组的速度。比如，在市场模型中，从事件发生日前后一天到前后一周处理组累积超额收益由比对照组高1.84%变为比对照组高3.84%。这表明员工持股计划在事件日后为公司带来了显著的累积超额收益，且这种公告效应具有短期的持续性。这表明员工持股计划确实具有短期的财富效应，大股东也就具备利用这种短期持续的财富效应进行减持股票的条件。此外，通过比较四个模型还可以发现，FF 3模型和FF 5模型的解释力比市场模型和CAPM模型要高，导致同样时间窗口期间的累积超额收益更小；对于非 ESOPs 公司来说，其累积超额收益由正开始变为负。

为了更为清楚地观测员工持股计划董事会预案公告日所带来的短期财富效应，本章还绘制了累计超额收益分布图，如图 4-2 所示。从图 4-2 可以得知，实施员工持股计划的公司具有短期财富效应，且上市公司更加倾向于在公司股价下跌时实施员工持股计划。根据图 4-2（a）和（b）可知，这种短期效应能持续 20 天；但是从图 4-2（c）和（d）来看，短期财富效应持续时间可以超过 20 天。通过 4 种模型的累积超额收益趋势图可以发现，FF 3 模型和 FF 5 模型对非员工持股公司的累积超额收益有更大的影响，这两个模型在非员工持股公司中更具有解释力，导致其累积超额收益与市场模型和 CAPM 模型有所不同。

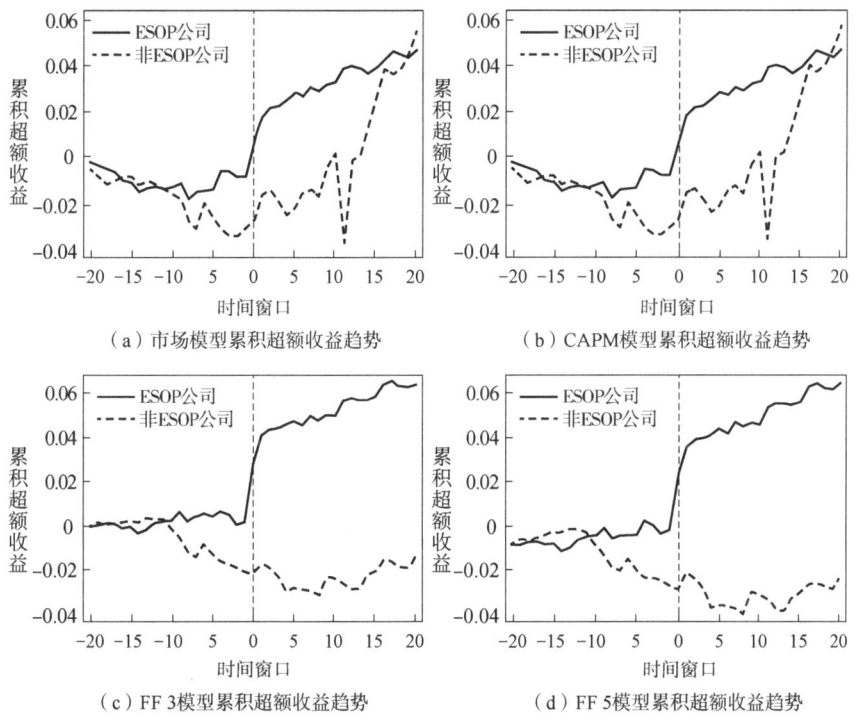

图 4-2　持股计划首次公告日前后 20 个交易日累积超额收益趋势

(二) 短期累积超额收益的回归检验

为了进一步控制其他因素对员工持股计划短期累积超额收益的影响，本章还采用了多元回归分析方法考察员工持股计划（ESOP）对股票累积超额收益（CAR）的影响。表4-6报告了员工持股计划（ESOP）对利用市场模型分析所得的累积超额收益（CAR）在不同时间窗口内的影响回归结果。

表4-6　员工持股计划对短期累积超额收益的影响分析结果

变量	(1) CAR[-1,1]	(2) CAR[-3,3]	(3) CAR[-5,5]	(4) CAR[0,3]	(5) CAR[0,10]
ESOP	0.0304*** (6.36)	0.0335*** (4.54)	0.0371*** (3.35)	0.0305*** (5.02)	0.0404*** (4.47)
SIZE	-0.0064** (-2.46)	-0.0093** (-2.48)	-0.0079 (-1.53)	-0.0074** (-2.44)	-0.0027 (-0.67)
AGE	0.0064 (1.48)	0.0152** (2.26)	0.0099 (0.92)	0.0129** (2.40)	0.0169** (2.12)
LEV	0.0251 (1.54)	0.0252 (1.10)	0.0325 (1.03)	0.0074 (0.39)	-0.0371 (-1.29)
SGR	-0.0001 (-0.02)	-0.0007 (-0.09)	0.0091 (0.84)	0.0036 (0.59)	0.0147 (1.27)
ROA	0.0345 (0.58)	0.0151 (0.17)	0.024 (0.20)	0.0066 (0.09)	0.004 (0.04)
BIGR	-0.0126 (-0.68)	0.0092 (0.31)	0.0264 (0.58)	-0.0004 (-0.02)	-0.0014 (-0.04)
INSTO	0.0014 (0.11)	-0.0216 (-1.05)	-0.0399 (-1.58)	-0.0141 (-0.85)	-0.0172 (-0.71)
EDU	0.0001 (0.97)	0.0002 (1.26)	0.0002 (0.91)	0.0001 (0.98)	0.0000 (0.07)

续表

变量	(1) $CAR[-1,1]$	(2) $CAR[-3,3]$	(3) $CAR[-5,5]$	(4) $CAR[0,3]$	(5) $CAR[0,10]$
Constant	0.1189** (2.25)	0.1578** (2.02)	0.129 (1.19)	0.1302** (2.07)	0.0343 (0.40)
Year	已控制	已控制	已控制	已控制	已控制
Industry	已控制	已控制	已控制	已控制	已控制
样本量	917	929	937	927	952
调整 R^2	0.068	0.053	0.029	0.056	0.043

注：圆括号中为t检验值；***、**、*分别表示估计结果在1%、5%、10%的水平下显著。

从表4-6的列（1）到列（5）来看，变量（ESOP）前面的回归系数全部为正，且所有列系数都是在1%的置信水平下显著，这表明员工持股计划具有显著的正向短期财富效应。为了保证结论的稳健性，本章同时考察了变量（ESOP）对利用CAPM模型、FF3模型和FF5模型所获得的股票累积超额收益率（CAR）影响的回归分析，所得结果与表4-6是一致的。

三 员工持股计划与大股东减持

（一）员工持股计划实施与大股东减持

根据本章上文实证结果可知，上市公司员工持股计划宣告后可以带来短期财富效应，为了检验公司大股东是否会利用这个"有利时机"增加其所持股票的减持规模，即检验本章研究假设H2。本小节使用实施员工持股计划的公司和与其倾向得分匹配的未实施员工持股计划的公司组成的样本考察员工持股计划实施与否对大股东减持股票规模的影响，所得回归结果见表4-7。

表4-7 员工持股计划实施对大股东减持股票规模影响的回归结果

变量	(1) AMT	(2) TTBL	(3) LTBL	(4) AMT	(5) TTBL	(6) LTBL
ESOP	0.1823*** (2.85)	0.0004* (1.73)	0.0007* (1.94)	0.4228** (2.43)	0.0005* (1.68)	0.0007** (2.46)
DALIU	—	—	—	2.6435*** (14.14)	0.0044*** (9.45)	0.0071*** (22.24)
Top 1	—	—	—	0.6617*** (3.25)	0.0016*** (3.95)	0.0025*** (7.53)
BIGR	—	—	—	0.1000 (0.13)	0.0019 (1.38)	0.0041*** (3.46)
HERF	—	—	—	-22.9408** (-2.35)	-0.0199 (-1.23)	-0.0727*** (-5.04)
PE	—	—	—	-0.0005 (-0.52)	0.0000 (1.04)	0.0000 (1.00)
MCR	—	—	—	25.8731 (1.38)	0.0407 (1.38)	0.0498 (1.18)
EPSE	—	—	—	-0.0151 (-0.09)	-0.0004 (-1.56)	-0.0004 (-1.27)
SIZE	—	—	—	0.4306*** (4.35)	0.0001 (0.49)	-0.0001 (-0.59)
SGR3	—	—	—	0.0557 (0.35)	-0.0002** (-2.15)	-0.0001 (-0.30)
ROA	—	—	—	-4.8349* (-1.92)	-0.0116*** (-3.08)	-0.0239*** (-6.78)
Constant	12.4191*** (19.13)	0.0031* (1.70)	0.0044 (1.59)	2.7618 (1.27)	0.0011 (0.24)	0.0072 (1.59)
Year	已控制	已控制	已控制	已控制	已控制	已控制

续表

变量	(1) AMT	(2) TTBL	(3) LTBL	(4) AMT	(5) TTBL	(6) LTBL
Industry	已控制	已控制	已控制	已控制	已控制	已控制
样本量	7151	7151	7134	3033	3033	3027
调整 R^2	0.025	0.029	0.037	0.279	0.222	0.239

注：圆括号中为 t 检验值；***、**、* 分别表示估计结果在1%、5%、10%的水平下显著。

从表4-7的列（1）到列（3）可以得出，上市公司实施员工持股计划后，大股东减持股票数量和比例都有显著增加。这表明，相对于没有实施员工持股计划的上市公司来说，实施员工持股计划的公司的大股东在一段时间后减持股票的规模更大。在加入控制变量以后，变量（ESOP）回归系数依然显著为正，见表4-7中列（4）到列（6）；从系数大小可知，实施员工持股计划的公司的大股东比没有实施员工持股计划的公司的大股东多减持的股票占总股本的0.05%，占所有流通股的0.07%。所有的回归结果都表明上市公司实施员工持股计划后对大股东减持股票规模有显著的正向影响。从控制变量看，变量（DA-LIU）的回归系数在1%的水平下显著为正，这表明当减持股票大股东是大的流通股股东时，其减持股票的规模会更大。从表4-7中还可以看出，当第一大控股股东减持股票时，其减持股票规模更大，且均在1%的水平下显著，这与蔡海静等（2017）的研究结论相同。从控制变量股权制衡度（HERF）来看，公司大股东之间的股权制衡可以显著地抑制大股东的减持行为。这意味着大股东之间的股权制衡作为一种重要的替代性治理机制，是抑制第二类委托代理问题的有效方式（Bennedsen 和 Wolfenzon，2000）。最后，公司总资产收益率（ROA）前面的系数显著为负，即上市公司经营业绩越好，大股东越倾向于降低减持股票规模,这也是情理之中的结果。

为了检验上市公司大股东只是在公司宣布实施 ESOPs 时顺势减持股票,还是存在上市公司利用 ESOPs 帮助大股东增加减持股票规模的预谋动机,即检验本章的研究假设 H3,本章借鉴曾庆生等(2018)以及 Kim 和 Ouimet(2014)的研究设计方法进行分组回归分析。具体的分组过程如下:首先对处理组(ESOPs)样本公司的实施方案特征按照普通员工认购员工持股计划比例高于和低于中位数分为高低两组①;然后将对照组(非 ESOPs)样本公司根据其处理组所在的组(高或者低)放入相对应的组别,这样就形成了一组回归分样本。同时,再对处理组样本公司根据实施 ESOPs 认购股票来源分为来自公开市场和非公开市场两组②;然后将对照组样本公司按上述同样的方式处理,又可以得到另一组回归样本。最后,本章利用大股东减持股票数量在市场流通股中所占比例作为被解释变量进行分组回归分析,所得结果见表 4-8。

表 4-8　员工持股计划实施对大股东减持股票规模影响的异质性回归结果

变量	(1)	(2)	(3)	(4)
	普通员工认购比例		认购股票来源	
	高	低	公开市场	非公开市场
ESOP	0.0020***	-0.0002	0.0009***	0.0000
	(2.78)	(-0.28)	(2.63)	(0.04)

---

① 因为员工持股计划中有普通员工和高管两类认购对象,他们认购比例之和为 1;所以,普通员工认购比例低的组就是管理层认购比例高的组,反之亦然。

② 本章中非公开市场主要指非公开发行和股东自愿赠予;公开市场主要指上市公司回购本公司股票和从二级市场购买。从描述性统计来看,约 75% 的员工持股计划是通过公开市场购买授予员工的,成为市场上绝对的主要形式。这主要是原因为公开市场购买无须证监会行政审批、锁定期短及激励对象出资形成资金沉淀三方面因素。

续表

变量	(1) 普通员工认购比例 高	(2) 普通员工认购比例 低	(3) 认购股票来源 公开市场	(4) 认购股票来源 非公开市场
DALIU	0.0071*** (7.34)	0.0076*** (6.09)	0.0072*** (19.46)	0.0071*** (4.30)
Top 1	0.0016* (1.69)	0.0032*** (3.58)	0.0024*** (6.12)	0.0027* (1.87)
BIGR	0.0024 (0.79)	0.0046* (1.74)	0.0056*** (4.08)	-0.0018 (-0.38)
HERF	0.0169 (0.64)	-0.1514*** (-3.11)	-0.0672*** (-3.75)	-0.0884* (-1.67)
PE	0.0001* (1.67)	0.0000 (0.12)	0.0000 (1.07)	0.0000 (-0.31)
MCR	0.1036 (1.14)	-0.0128 (-0.23)	0.0248 (0.52)	0.169 (1.59)
EPSE	-0.0007 (-1.04)	0.0001 (0.11)	-0.0003 (-0.76)	-0.0003 (-0.33)
SIZE	0 (-0.10)	-0.0001 (-0.30)	-0.0001 (-0.59)	-0.0001 (-0.08)
SGR 3	-0.0013*** (-3.79)	0.0000 (0.13)	0.0002 (0.37)	-0.0015*** (-3.30)
ROA	-0.0248*** (-2.93)	-0.0192** (-2.55)	-0.0255*** (-5.75)	-0.0210* (-1.90)
Constant	0.0053 (0.54)	0.0087 (0.78)	0.0071 (1.41)	0.0059 (0.36)
Year	已控制	已控制	已控制	已控制
Industry	已控制	已控制	已控制	已控制

续表

变量	(1)	(2)	(3)	(4)
	普通员工认购比例		认购股票来源	
	高	低	公开市场	非公开市场
样本量	1184	1521	2361	659
调整 R^2	0.26	0.276	0.242	0.263

注：括号中为 t 检验值；***、**、* 分别表示估计结果在1%、5%、10%的水平下显著。

从表4-8列（1）和列（2）可以看出：当普通员工认购比例高时，员工持股计划哑变量（ESOP）前面的回归系数才显著为正。这表明公司员工持股计划实施后大股东倾向于更大规模地减持股票这一结论仅在普通员工认购比例高时成立。而当高管认购股票比例高时，即实施员工持股计划认购对象主要是公司管理层，员工持股计划哑变量（ESOP）的回归系数变为负了，意味着该样本组的公司大股东出现了不显著的降低减持股票规模行为。这两组回归的异质性结果表明，大股东与公司高管的行为是一致的，他们有可能"合谋"一起侵占包括员工在内的公司中小股东利益。这与"阴谋论"的观点（黄速建和余菁，2015）不谋而合，该观点认为，员工持股计划就是让员工来分摊所有者的损失，此时非员工股东可能成为实施ESOPs的受益者。从表4-8列（3）和列（4）得出，当员工持股计划实施股票来源为公开市场时，员工持股计划哑变量（ESOP）回归系数才显著为正，意味着仅在该样本组中上市实施员工持股计划后大股东减持股票规模才显著增加。根据表4-8的回归结果可知，上市公司大股东不仅在公司推行ESOPs之后显著地增加了其减持股票的规模，而且上市公司在设计员工持股计划条款时（即实施ESOPs之前）就存在利用ESOPs来帮助公司大股东减持股票套利的动机，本章的研究假设 H3 获得了验证。

从理论上说，如果上市公司大股东只是在公司宣布实施员工持股计划后顺势减持股票，而不存在公司大股东利用公司控制权优势采取"谋定而后动"的自利行为，那么员工持股计划的实施与大股东减持股票行为之间的关系不应该因为认购对象和股票来源不同而产生显著的差异。但是，本节的实证结果却发现，当普通员工认购比例高以及实施股票来源为公开市场时，员工持股计划实施与大股东减持股票规模之间的正向关系才显著。这一结果也就可以从侧面证明内部大股东减持股票是"谋定而后动"的自利行为；而不是大股东因为资金需要而顺势增加减持股票规模。总之，通过表 4-7 和表 4-8 的回归结果，我们可以认为：大股东在减持股票之前，上市公司出于配合大股东减持股票的动机而推出 ESOPs，实施 ESOPs 推高股价后，大股东确实借助员工持股计划而更大规模地减持股票。这也就从公司大股东减持的角度揭示了其利益侵占行为。

(二) 员工持股计划实施强度与大股东减持

根据《关于上市公司实施员工持股计划试点的指导意见》的规定，持股计划总的实施规模不能超过公司总股本的10%，单人持股不能超过1%，这个持股规模上限相对于描述性统计分析中股票减持股票规模还算足够大。当披露员工持股计划的实施程度越大（本章利用员工购买的份额在上市公司流通股份额中所占比例来衡量），市场能够承受减持股票的规模也越大，大股东增加减持股票规模也不会引发市场股价大幅下跌。此时，内部大股东将会倾向于卖出更大份额的股票，从而尽可能大地获取减持收益。本节利用实施了员工持股计划且有大股东进行减持的样本分析了员工持股计划实施强度对大股东减持股票行为的影响，回归结果见表 4-9。

表4-9　员工持股计划实施强度对大股东减持股票行为影响分析

变量	(1) LTBL	(2) LTBL	(3) LTBL	(4) LTBL
$ESOP\_ratio \times LY\_dum$	—	—	—	0.0686*** (2.74)
LY_dum	—	—	—	-0.0009 (-0.99)
$EMES\_ratio$	—	—	0.0449* (1.91)	—
$ESOP\_ratio$	0.0264** (2.22)	0.0308** (1.99)	—	-0.0032 (-0.22)
$DALIU$	—	0.0083*** (7.92)	0.0081*** (7.39)	0.0083*** (7.91)
$Top\ 1$	—	0.0008 (1.22)	-0.0007 (1.00)	0.0007 (1.12)
$BIGR$	—	-0.0001 (-0.02)	-0.0015 (-0.54)	0.0003 (0.11)
$HERF$	—	-0.0900** (-2.59)	-0.0700** (-2.10)	-0.0907** (-2.59)
PE	—	0.0000 (0.24)	0.0000 (-0.41)	0.0001 (0.18)
MCR	—	0.0751 (1.48)	0.0626 (1.14)	0.0816 (1.60)
$EPSE$	—	-0.0002 (-0.39)	-0.0001 (-0.19)	-0.0003 (-0.48)
$SIZE$	—	0.0002 (0.51)	0.0002 (0.35)	0.0003 (0.55)

续表

变量	(1) *LTBL*	(2) *LTBL*	(3) *LTBL*	(4) *LTBL*
$SGR\ 3$	—	-0.0003* (-1.75)	-0.0004** (-2.47)	-0.0003* (-1.82)
ROA	—	-0.0232* (-1.70)	-0.0252* (-1.79)	-0.0251* (-1.81)
$Constant$	0.0088 (1.02)	0.0048 (0.38)	0.0104 (0.74)	0.0041 (0.33)
$Year$	已控制	已控制	已控制	已控制
$Industry$	已控制	已控制	已控制	已控制
样本量	2855	1704	1524	1704
调整 R^2	0.053	0.265	0.269	0.272

注：括号中为 t 检验值；***、**、* 分别表示估计结果在1%、5%、10%的水平下显著。

从表4-9列（1）和列（2）可以看出，员工持股计划实施强度（ESOP_ ratio）的回归系数在5%的水平下显著为正，即实施员工持股计划并发生大股东减持的公司实施ESOPs强度越大，大股东减持股票的规模越大。这意味着大股东利用其信息优势进行股票减持时，不仅存在"择时"（timing）问题，而且在交易规模上也会存在相应的策略安排；从而本章的研究假设H4得到了验证。从列（3）中可以得出，普通员工持股比例（EMES_ ratio）与大股东减持股票规模呈正向显著关系，即普通员工认购比例在员工持股总额中的比例越高，大股东减持股票的规模越大。这个研究结果表明：大股东不仅会在普通员工持股比例高的计划中进行"择时"减持操作，而且会利用普通员工处于信息劣势而更大规模地减持股票。列（4）中的 LY_dum 为股票来源哑变量，本章将认购股票来源分为公开市场和非公开市场，非公开市场指的是非公开发行和股东自愿赠予。当股票来源为非公开市场时 LY_dum 取 0，否则取 1。在实施了员工持股计划且有大股东进行减持的样本中利用员工持股计划实施规模与股票来源交乘项 $ESOP\_ratio \times LY\_dum$ 检验员工持股计划股票来源对员工持股计划实施规模与大股东减持股票间关系的调节作用。从回归结果看，交乘项 $ESOP\_ratio \times LY\_dum$ 的系数在 1% 的水平下显著，说明股票来源于公开市场时会增强员工持股计划与大股东减持股票规模之间的正向关系。

（三）ESOPs 实施后大股东减持股票的动态过程分析

为了研究员工持股计划实施后公司大股东的动态减持过程，从而更为准确地推断大股东是否利用了员工持股计划这一有利信息进行择时交易，本章针对实施了员工持股计划且存在大股东减持股票的样本公司进行了动态过程分析。通过对员工持股计划实施样本的统计分析，可以发现：平均来说，股东大会公告日在董事会预案日 24 天后召开；员工持股计划在股东大会公告日召开后的 90 天后完成实施，即员工持股计划一般在董事会预案日的 114 天后完成实施。本节根据这些关键时间点，设定减持股票发生时间段变量 MA。用变量 $MA\,20$、$MA\,30$、$MA\,90$、$MA\,150$、$MA\,270$、$MA\,360$ 分别表示大股东减持是否发生在员工持股计划董事会预案日后 [0, 20]、(20, 30]、(30, 90]、(90, 150]、(150, 270]、(270, 360] 时间窗内；如果大股东在相应的时间段内减持公司股票，则该变量就取 1，否则取 0。然后，将这些变量作为核心解释变量进行回归分析，被解释变量为大股东减持股票数量占公司流通股的比例 $LTBL$，回归结果见表 4 - 10。

表4-10　　　　　　　　大股东减持动态分析回归结果

变量	(1) LTBL	(2) LTBL	(3) LTBL	(4) LTBL	(5) LTBL	(6) LTBL	(7) LTBL
MA 20	0.0009 (0.66)	—	—	—	—	—	0.0016 (1.03)
MA 30	—	0.0034** (2.43)	—	—	—	—	0.0038*** (2.60)
MA 90	—	—	0.0018** (2.02)	—	—	—	0.0021** (1.99)
MA 150	—	—	—	-0.0017** (-2.31)	—	—	-0.0008 (-1.02)
MA 270	—	—	—	—	-0.0004 (-0.56)	—	-0.0001 (-0.07)
MA 360	—	—	—	—	—	-0.0007 (-0.76)	-0.0005 (-0.52)
DALIU	0.0086*** (8.61)	0.0086*** (8.59)	0.0085*** (8.64)	0.0085*** (8.65)	0.0085*** (8.60)	0.0086*** (8.62)	0.0086*** (8.69)
Top 1	0.0020** (2.07)	0.0019** (2.04)	0.0019* (1.96)	0.0019** (2.03)	0.0020** (2.08)	0.0020** (2.07)	0.0018* (1.86)
BIGR	-0.0007 (-0.31)	-0.0007 (-0.28)	-0.0006 (-0.23)	-0.0006 (-0.24)	-0.0006 (-0.27)	-0.0008 (-0.33)	-0.0003 (-0.14)
HERF	-0.0855*** (-2.65)	-0.0848*** (-2.61)	-0.0876*** (-2.68)	-0.0864*** (-2.67)	-0.0839*** (-2.60)	-0.0862*** (-2.66)	-0.0904*** (-2.71)
PE	0.0000 (0.54)	0.0000 (0.59)	0.0001 (0.45)	0.0000 (0.67)	0.0000 (0.55)	0.0000 (0.54)	0.0000 (0.49)
MCR	-0.0103 (-0.19)	-0.0138 (-0.25)	-0.0015 (-0.03)	-0.0022 (-0.04)	-0.0126 (-0.22)	-0.0116 (-0.20)	-0.006 (-0.11)

续表

变量	(1) LTBL	(2) LTBL	(3) LTBL	(4) LTBL	(5) LTBL	(6) LTBL	(7) LTBL
EPSE	-0.0005 (-0.75)	-0.0004 (-0.67)	-0.0006 (-0.93)	-0.0005 (-0.82)	-0.0005 (-0.77)	-0.0005 (-0.77)	-0.0005 (-0.84)
SIZE	0.0002 (0.41)	0.0002 (0.35)	0.0002 (0.45)	0.0002 (0.46)	0.0002 (0.48)	0.0002 (0.41)	0.0001 (0.27)
SGR3	-0.0001 (-0.80)	-0.0001 (-0.86)	-0.0001 (-0.80)	-0.0001 (-0.83)	-0.0001 (-0.78)	-0.0001 (-0.84)	-0.0001 (-0.87)
ROA	-0.0211* (-1.92)	-0.0212* (-1.93)	-0.0211* (-1.94)	-0.0201* (-1.83)	-0.0210* (-1.92)	-0.0214* (-1.96)	-0.0212* (-1.94)
Constant	-0.0019 (-0.19)	-0.0012 (-0.13)	-0.0028 (-0.29)	-0.0021 (-0.21)	-0.0021 (-0.21)	-0.0015 (-0.15)	-0.0022 (-0.23)
Year	已控制	已控制	已控制	已控制	已控制	已控制	已控制
Industry	已控制	已控制	已控制	已控制	已控制	已控制	已控制
样本量	2207	2207	2207	2207	2207	2207	2207
调整 R^2	0.244	0.246	0.246	0.245	0.244	0.244	0.251

注：括号中为t检验值；***、**、*分别表示估计结果在1%、5%、10%的水平下显著。

从表4-10中列（1）和列（2）可以得出，大股东从员工持股计划董事会预案日20天后才有显著的减持股票的行为发生。这主要是因为从图4-2的累积超额收益率趋势可以看出，员工持股计划预案公告日20天后，处理组公司的累积超额收益差不多达到了最大值，此时开始减持股票能够获得更大收益。还有一种解释可能是：公司内部人利用重大事件进行交易时，为了规避监管部门的监督，通常会在公告日宣布之后的一段时间进行减持股票等行为。从列（3）到列（6）可以看出，大股东减持股票规模在预案宣告日后 30 天持续增加，但是到了 150 天后，基本没有再出现增加减持股票规模的行为，反而开始出现降低减持股票规模的行为。列（7）的回归结果是对前面六列的汇总，其结果同前面六列的结果是一致的。从控制变量看，当减持大股东为第一大控股股东时，其减持股票规模更大；同时，上市公司大股东之间的股权制衡可以抑制大股东减持股票的行为；上市公司业绩越好，大股东越不可能出现增加减持股票规模的行为。这些结果同表 4 - 7 是一致的。

本章重点研究的是员工持股计划实施之后大股东的减持股票行为，但是通过对比分析员工持股计划董事会预案日之前的大股东增减持股票情况可以更为全面深入地了解其减持股票行为。类似于表 4 - 10 的研究，本节对实施了员工持股计划的样本公司在预案宣告日之前的大股东动态减增持股票行为进行分析，具体结果见表 4 - 11。

表 4 - 11　员工持股计划预案日之前大股东增减持股票动态分析

变量	(1) AMT	(2) LTBL	(3) TTBL	(4) AMT	(5) LTBL	(6) TTBL
	预案日前减持股票样本			预案日前增持股票样本		
MA 20	0.3711 (0.79)	0.0008 (0.59)	0.0006 (0.65)	-0.9073* (-1.94)	-0.0015* (-1.89)	-0.0009 (-1.30)
MA 30	0.096 (0.30)	-0.0001 (-0.13)	-0.0004 (-0.74)	0.398 (0.50)	0.0016 (1.13)	0.002 (1.52)
MA 50	-0.1526 (-0.52)	-0.0001 (-0.07)	0.0001 (0.18)	0.3836 (0.76)	0.0007 (0.52)	0.0004 (0.37)
MA 90	0.0111 (0.05)	0.0003 (0.27)	-0.0001 (-0.09)	0.3409 (0.93)	-0.0002 (-0.21)	-0.0001 (-0.18)

续表

变量	(1)	(2)	(3)	(4)	(5)	(6)
	预案日前减持股票样本			预案日前增持股票样本		
	AMT	LTBL	TTBL	AMT	LTBL	TTBL
MA 180	0.2469 (1.19)	0.001 (1.39)	0.0006 (1.25)	0.2995 (1.21)	-0.0009** (-2.14)	-0.0005 (-1.38)
MA 360	0.0462 (0.27)	-0.0003 (-0.49)	-0.0002 (-0.58)	-0.055 (-0.21)	-0.0003 (-0.65)	-0.0003 (-0.76)
Constant	6.074*** (3.61)	0.0426*** (6.40)	0.0273*** (7.55)	1.800 (0.66)	0.0231*** (3.90)	0.0163*** (3.64)
Controls	已控制	已控制	已控制	已控制	已控制	已控制
Year	已控制	已控制	已控制	已控制	已控制	已控制
Industry	已控制	已控制	已控制	已控制	已控制	已控制
样本量	11822	11822	11822	3968	3968	3968
调整 R^2	0.284	0.135	0.182	0.238	0.114	0.118

注：括号中为 t 检验值；***、**、* 分别表示估计结果在1%、5%、10%的水平下显著。

从表4-11的列（1）到列（3）可知，在员工持股计划董事会预案日之前的一年内，内部大股东基本没有出现显著的减持公司股票行为，因为内部大股东没有动力在上市公司实施员工持股计划之前就减持其所持有的公司股票。从列（4）到列（6）可以发现，预案日前的20日之内，内部大股东有减少增持股票数量的行为，同时，在其他时间段内也有显著的增持股票行为出现。这说明内部大股东并没有利用即将公布的利好消息囤积股票，而只是利用员工持股计划的短期财富效应"择时"出售目前持有的股票。

第四节 进一步研究

如果公司大股东既想出售目前持有的股票，又想避免因出售导致股票出现折价；那么，推行员工持股计划会不会是公司在这种情况下做出的一种较好选择？基于本章前面的研究结果可知，实施员工持股计划后，大股东确实增加了减持公司股票的规模；并从侧面证明了上市公司实施ESOPs的动机是在大股东减持股票时避免股价大幅度下跌，从而避免给其减持股票行为带来损失，这属于大股东侵占包括员工在内的中小股东利益的一种形式。事实上，也有市场人士分析认为，部分上市公司发起设立员工持股计划就是为了方便大股东减持股票套现。那很自然的问题是：内部大股东是否达到了其预期目的？本节接下来会对这个问题给出具体的回答。

一 大股东减持后超额收益率变动

根据本章第三节的动态减持分析可知，大股东通常在持股计划董事会预案日之后的150天内做出减持股票行为。因此，针对所有实施员工持股计划的样本，本节将其按在持股计划董事会预案日一年内是否做出减持行为分为"有减持ESOPs公司"和"无减持ESOPs公司"两组，考察了每组公司在员工持股计划董事会预案日前10天到后290天的日收益率相对于历史收益率的变化趋势。具体做法为：首先，以持股计划预案日前100天至前10天内（三个月）的数据考虑现金红利再投资的日个股回报率均值作为参考的历史平均收益率，然后利用每个组内每只股票在持股计划预案公告日发生日前10天至发生日后290天内每天日回报率减去参考的历史平均收益率，从而得到每只股票的超额收益率；最后，求预案公告日发生日前10天至发生日后 290 天内每天组内平均收益率，获得大股东减持后的超额收益率变动趋势，如图 4-3 所示。

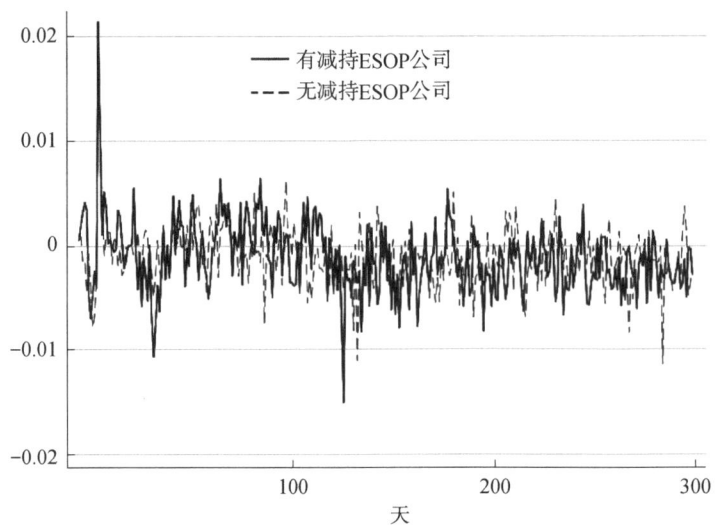

图 4-3 大股东减持后超额收益率的变化趋势

通常来说，上市公司出现大股东减持股票行为会导致股票收益率下降。但是由图 4-3 可知，两组公司的收益率变动轨迹基本重合，这意味着对于员工持股计划的样本，上市公司采取减持股票行为后不会显著影响公司的收益率。这个结果说明，上市公司内部大股东实施员工持股计划后，在股票价格没有大幅下跌的情况下进行了减持股票，实现了平稳减持目的。

二 ESOPs 公司与非 ESOPs 公司减持效应的对比分析

为了更为精确地分析公司大股东是否通过实施员工持股计划达到了自己平稳减持股票的目的，表 4-12 以"大股东减持股票发生日"为事件发生日研究大股东的股票减持效应。

表4-12 非ESOPs和ESOPs公司在减持股票发生日累积超额收益的比较分析

模型	组间差异	CAR [-1, 1]	CAR [-3, 3]	CAR [-5, 5]	CAR [0, 3]	CAR [0, 10]
市场模型	非ESOPs组	0.0103***	0.0077**	0.0042***	0.0007***	-0.0053***
	ESOPs组	0.0127***	0.0132***	0.0126***	0.0040*	0.0004***
	差值	0.0024***	0.0055***	0.0084***	0.0033***	0.0057***
CAPM模型	非ESOPs组	0.0103***	0.0076**	0.0041***	0.0007***	-0.0053***
	ESOPs组	0.0128***	0.0134***	0.0127***	0.0040*	0.0005***
	差值	0.0024***	0.0057***	0.0086***	0.0033***	0.0058***
FF 3模型	非ESOPs组	0.0050***	0.0003***	-0.0044***	-0.0058***	-0.0225***
	ESOPs组	0.0130***	0.0149***	0.0144***	0.0036*	-0.0000***
	差值	0.0080***	0.0146**	0.0188**	0.0094*	0.0225***
FF 5模型	非ESOPs组	0.0045***	0.0005***	-0.0041***	-0.0063***	-0.0241***
	ESOPs组	0.0126***	0.0144***	0.0141***	0.0032***	-0.0006***
	差值	0.0080***	0.0139*	0.0182*	0.0095*	0.0235***

注：***、**、*分别表示估计结果在1%、5%、10%的水平下显著。

将表4-12与表4-5对比分析可知，表4-12中ESOPs组公司和非ESOPs组公司的累积超额收益都变小，且ESOPs组公司的变动更大。从差值检验的结果可知，ESOPs组公司与非ESOPs组公司的差值变小了，但总体上ESOPs组公司的股票累积超额收益率在"减持发生日"后的一段时间内依然显著高于非ESOPs组公司。这个对比分析结果依然说明：通过实施员工持股计划可以有效地缓解大股东减持时所带来的股价下跌的压力。这意味着实施员工持股计划的公司存在利用员工持股计划的短期财富效应进行减持股票的动机。

同样,为了更为清楚地了解大股东减持股票的短期效应,图4-4绘制了累积超额收益分布情况。

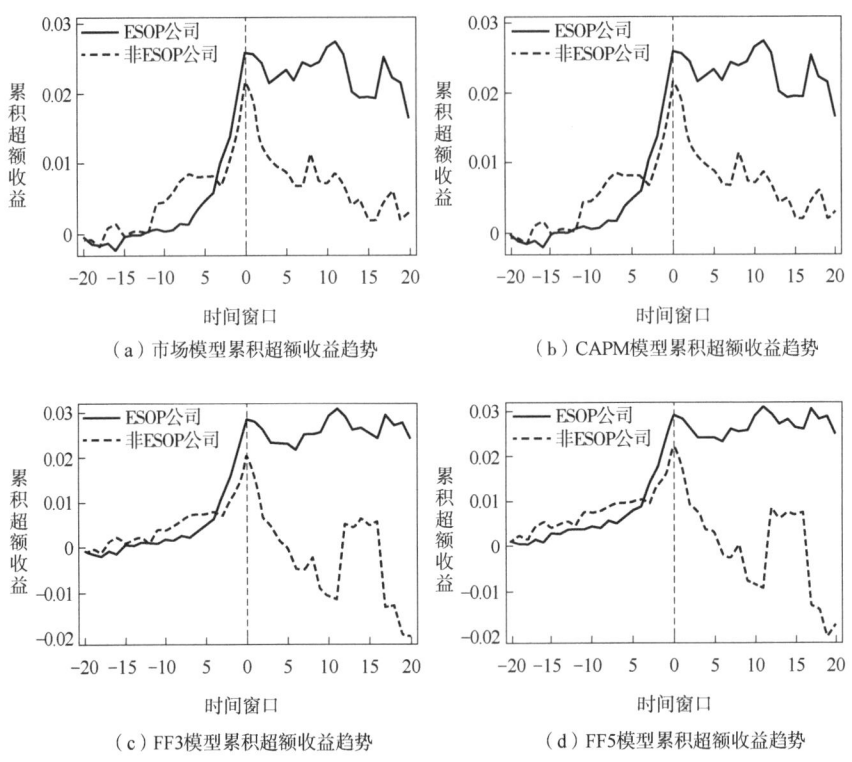

图4-4 大股东减持股票日前后20个交易日累积超额收益趋势

从图4-4可以看出,上市公司通常会选择股价上升的时间段内减持,以期望获得最大的减持收益。通过对比分析可以得出:在大股东减持股票以后,ESOPs公司和非ESOPs公司的累积超额收益率表现出完全不同的结果。通常地,公司内部股东大规模减持股票可能蕴含着不利的私人信息,市场往往给予负面的市场反应(Ataullah等,2014),但是,ESOPs公司的累积超额收益几乎没有出现下跌,非

ESOPs 公司的累积超额收益率立即出现了下降。上述结果同样说明上市公司实施员工持股计划有利于稳定大股东减持时的股价，可以有效地"掩护"大股东减持公司股票。此外，通过对比 4 种模型的累积超额收益趋势图可以发现，FF 3 模型和 FF 5 模型对我国上市公司股票收益率的解释力非常相近，且与市场模型和 CAPM 模型有较大的差异。

第五节 稳健性检验

一 基于准自然实验分析的稳健性检验

虽然本章利用倾向得分匹配方法在一定程度上克服了内生性问题，不过现实中那些公告了员工持股计划但是最后却无法实施的公司为本章的研究提供了一个难得的"准自然实验"。既然这些公司原本打算实施员工持股计划，那么它们与最后实施了员工持股计划的公司在实施前看得见以及看不见的公司特征都必然更相似。通过阅读这些公司的员工持股计划终止公告也可以发现，造成这些公司宣告却未实施的原因多半是它们的方案没能符合随后新出台的监管政策、银行等金融机构对配资业务采取审慎原则限制了资金来源、有限合伙人担保出现问题等。这样的公司是理想的对照组样本。

因此，为了增加实证检验结果的稳健性，参照 Seru（2014）以及 Bena 和 Li（2014）的研究方法，本章进一步利用宣告却未实施 ESOPs 的公司作为对照组进行检验。由于这里的准自然实验是以员工持股计划失败案例为基准的，加之失败案例相对数量较少，本章采用了与通常做法相反的逻辑，即不是为每个宣告且实施了员工持股计划的实验组公司匹配未实施员工持股计划的对照组公司，而是为每个宣告但未实施员工持股计划的对照组公司匹配宣告且实施了员工持股计划的实验组公司。匹配基准主要有四点：处于同一行业、公告时间处于同一年、ESOPs授予员工股份总额在公司流通股中所占比例接近、ESOPs覆盖员工范围接近。其中，将行业相同和公告时间相近作为匹配准则是出于行业固定效应和时间固定效应的考虑。将持股计划比例相近作为匹配准则是因为该指标能够捕捉公司规模、员工持股计划实施力度等一系列内在效应。根据王砾等（2017）的分析，员工持股计划存在"授予员工持股比例过低起不到激励作用，过高又可能导致控制权转移"的矛盾。将持股计划覆盖员工比例接近作为匹配准则是因为该指标能够捕捉员工持股计划实施动机等一系列内在效应。根据Fang等（2015）的分析，员工持股计划发行规模可能反映了企业的激励意图，因为小的员工覆盖范围更可能是出于激励目的而不是节约现金等非激励目的。对于后两个指标，在具体匹配操作上，本章就每个指标先分别计算每个备选实验组个体与对照组个体指标值的差值并排序来确定序数差值，然后选择两个指标的序数差值的平均值最小的备选实验组个体与对照组个体匹配。

  本节一共收集了92条持股计划失败的公告。通过阅读具体公告发现，这些持股计划失败基本上都是由于在股东大会通过之日起的6个月内没有完成标的股票购买。[①] 本节去掉没有给出终止原因和并购重组而放弃员工持股计划的样本，剩余对照组样本公司59个。又由于有15家公司的员工持股计划公告中并没有明确给出授予员工股票数量和员工持股计划覆盖员工人数，最终可以使用的对照组样本公司有44个。对于这44个实施失败样本，本节选择与其处于同一行业、同一年份并

---

① 根据《关于上市公司实施员工持股计划试点的指导意见》，采取二级市场购买方式实施员工持股计划的，员工持股计划管理机构应当在股东大会审议通过员工持股计划后6个月内，根据员工持股计划的安排，完成标的股票的购买。

且员工持股计划授予员工股份总额在公司流通股中所占比例和覆盖人数比例最接近的已经完成交易的公司，与其匹配并形成实验组。为了能够利用双重差分（DID）回归估计比较员工持股计划实施前后的影响，本节将实验组样本和对照组样本分别向前和向后各扩展一年。为了研究员工持股计划的实施是否导致了大股东减持股票规模增加，本节进一步将上述数据集与大股东减持股票数据集合并。由于减持股票数据集截面是每个公司不同的大股东减持情况，合并数据集共含917条记录。

本节使用的双重差分（DID）回归方程如下：

$$JC\_size = \alpha + \beta_1 Treat + \beta_2 After + \beta_3 Treat \times After + \gamma Controls + \sum ind + \sum Year + \varepsilon \quad (4-8)$$

其中，被解释变量 JC_size 表示上市公司推行员工持股计划后的存续期内大股东减持股票的规模。具体地，本节使用大股东减持股票数量的对数（AMT）、大股东减持股票数量在公司流通股的比例（$LTBL$）、大股东减持股票数量在公司总股份中所占比例（$TTBL$）三个变量予以衡量。自变量 $Treat$ 表示该公司是否宣告且实施了员工持股计划，是则取1，否则取0。自变量 $After$ 反映了员工持股计划宣告时间，如果公司减持公告时间早于员工持股计划公告时间则取0，否则取1。自变量 $Treat \times After$ 表示上述两个变量的交叉乘积项。$Controls$ 表示模型中的控制变量集合，回归模型还包含了公司的行业固定效应以及年度固定效应，ε 表示回归模型波动项，在回归时本节采用了基于个体聚类的稳健标准误。双重差分（DID）回归的估计结果见表4-13。交互项 $Treat \times After$ 的系数捕获了员工持股计划的实施对公司大股东减持股票规模的影响，它也是本节需要考察的核心回归系数。

表4–13　　　　　　　基于准自然实验分析的回归结果

变量	(1) AMT	(2) LTBL	(3) TTBL	(4) AMT	(5) LTBL	(6) TTBL
Treat	-1.7686*** (-7.09)	-0.0043*** (-4.39)	-0.0037*** (-4.96)	-1.9242*** (-3.73)	-0.0056*** (-3.46)	-0.0049*** (-4.13)
After	-0.9515*** (-3.17)	-0.0015 (-1.26)	-0.0014 (-1.43)	-1.1604* (-1.87)	-0.0028 (-1.53)	-0.0021 (-1.60)
Treat After	2.2328*** (5.63)	0.0048*** (2.82)	0.0038*** (3.09)	1.8624** (2.59)	0.0032 (1.50)	0.0027* (1.69)
DALIU	—	—	—	3.2701*** (7.70)	0.0079*** (7.73)	0.0059*** (7.83)
Top 1	—	—	—	0.5793* (1.71)	-0.0002 (-0.17)	-0.0002 (-0.16)
BIGR	—	—	—	-0.6608 (-0.46)	0.0157*** (2.82)	0.0113*** (2.76)
HERF	—	—	—	-21.1968 (-1.46)	-0.1142** (-2.57)	-0.0347 (-1.06)
PE	—	—	—	0.0022* (2.00)	0.0000 (-1.59)	-0.0001* (-1.84)
EPSE	—	—	—	1.6170*** (4.59)	0.0038*** (3.12)	0.0033*** (3.72)
SIZE	—	—	—	0.2526* (1.72)	-0.001 (-1.44)	-0.0006 (-1.03)
SGR 3	—	—	—	7.2076 (1.34)	0.0363* (1.82)	0.0168 (1.14)
ROA	—	—	—	-15.9080** (-2.48)	-0.0390* (-1.65)	-0.0396** (-2.27)

续表

变量	(1) AMT	(2) LTBL	(3) TTBL	(4) AMT	(5) LTBL	(6) TTBL
Constant	13.0977*** (65.82)	0.0080*** (10.08)	0.0062*** (9.61)	6.9400* (1.86)	0.0268 (1.53)	0.0156 (1.20)
Year	已控制	已控制	已控制	已控制	已控制	已控制
Industry	已控制	已控制	已控制	已控制	已控制	已控制
样本量	910	910	910	437	437	437
调整 R^2	0.055	0.019	0.025	0.481	0.257	0.277

注：括号中为 t 检验值；***、**、*分别表示估计结果在1%、5%、10%的水平下显著。

表4-13的列（1）到列（3）中，交互项的系数均在1%的显著性水平上显著为正。这说明在没有控制变量的情况下，与没有实施员工持股计划的公司相比，实施了员工持股计划的公司在实施后的一段时间其大股东减持股票的规模更大，这与本章的前述实证结论是一致的。表4-13的列（4）和列（6）在控制了其他主要变量后，以大股东减持股票数量的对数（AMT）与大股东减持股票数量在公司总股份中所占比例（TTBL）作为减持股票规模的度量指标时，交互项 $Treat_{i,t} \times After_{i,t}$ 前面的系数依然在5%和10%的水平下显著，可以说明员工持股计划的实施会显著地增加公司大股东减持股票规模。列（6）交互项 $Treat_{i,t} \times After_{i,t}$ 前面系数为 0.0027，这意味着实施员工持股计划以后，处理组公司大股东比对照组公司大股东多减持股票总量的 0.27%。表4-13的列（5）以大股东减持股票数量在公司流通股中所占比例（LTBL）作为衡量指标时，交互项 $Treat_{i,t} \times After_{i,t}$ 前面的系数不显著，但是符号依然为正，同样可以认为员工持股计划的实施会增加公司大

股东减持股票规模。变量 *Treat* 前面的系数在1%的显著性水平下为负,其含义为在员工持股计划实施前,处理组公司相对于对照组公司有降低减持股票规模的趋势。这可能意味着处理组公司的大股东在实施员工持股计划前就已经知道了这个内部信息,所以在实施之前会倾向于降低减持股票的规模。

通常地,使用双重差分模型分析实证问题的一个重要假设是处理组样本和对照组样本在处理之前具有平行趋势(Parallel Trends)。借鉴逯东等(2019)、赖黎等(2019)以及Luong等(2017)的检验方法,本节对匹配后的样本进行了平行趋势假设检验。对于本节的研究内容来说,平行趋势假设成立就意味着实施员工持股计划之前大股东减持股票的规模没有显著差异。具体地,平行趋势假设检验结果见表4–14。

表4–14　　　　　　　　　　平行趋势假设检验

被解释变量	实施 ESOPs 公司	未实施 ESOPs 公司	差值	T 检验值
AMT	11.808	11.746	-0.062	-0.0702
LTBL	0.008	0.010	0.002	0.4299
TTBL	0.005	0.008	0.003	0.9377

从表4–14可以看出,处理组公司(实施ESOPs)在实施员工持股计划之前其减持股票的数量略多一点,但是从减持股票的比例来看又要略微少一点。但总体来说,在实施员工持股计划之前,经过行业、年份以及员工持股计划方案设定的发行力度限定后的处理组公司和对照组公司之间的减持股票规模十分相近(均值差异T检验统计量并不显著)。这表明本节所使用的样本满足双重差分(DID)的平行趋势假设。

二 大股东动态减持股票过程的稳健性检验

根据员工持股计划实施方案的关键时间点,本节设定时间段变量 MA_20、MA_30、MA_90、MA_120 分别表示员工持股计划董事会预案日后 [0,20]、(0,30]、(0,90]、(0,120] 天大股东是否存在减持股票的行为。如果大股东在相应的时间段内存在减持公司股票,则变量就取 1,否则取 0。然后本节将利用这些变量作为解释变量对大股东减持股票的动态行为过程进行稳健性检验,所得回归结果见表 4-15。

表 4-15　　　大股东减持动态分析稳健性检验回归结果

变量	(1) LTBL	(2) LTBL	(3) LTBL	(4) LTBL
MA_20	0.0009 (0.66)	—	—	—
MA_30	—	0.0020* (1.71)	—	—
MA_90	—	—	0.0025*** (2.86)	—
MA_120	—	—	—	0.0024*** (2.88)
DALIU	0.0086*** (8.61)	0.0086*** (8.62)	0.0085*** (8.67)	0.0085*** (8.65)
Top 1	0.0020** (2.07)	0.0020** (2.05)	0.0018* (1.90)	0.0018* (1.93)
BIGR	-0.0007 (-0.31)	-0.0007 (-0.28)	-0.0004 (-0.15)	-0.0004 (-0.17)

续表

变量	(1) LTBL	(2) LTBL	(3) LTBL	(4) LTBL
HERF	-0.0855*** (-2.65)	-0.0860*** (-2.66)	-0.0902*** (-2.71)	-0.0886*** (-2.68)
PE	0.0000 (0.54)	0.0000 (0.54)	0.0000 (0.39)	0.0000 (0.39)
MCR	-0.0103 (-0.19)	-0.0143 (-0.26)	-0.0049 (-0.09)	-0.013 (-0.24)
EPSE	-0.0005 (-0.75)	-0.0004 (-0.66)	-0.0005 (-0.87)	-0.0005 (-0.86)
SIZE	0.0002 (0.41)	0.0001 (0.32)	0.0001 (0.29)	0.0001 (0.32)
SGR3	-0.0001 (-0.80)	-0.0001 (-0.83)	-0.0001 (-0.82)	-0.0001 (-0.78)
ROA	-0.0211* (-1.92)	-0.0213* (-1.93)	-0.0214* (-1.97)	-0.0212* (-1.96)
Constant	-0.0019 (-0.19)	-0.0015 (-0.16)	-0.0028 (-0.29)	-0.003 (-0.32)
Year	已控制	已控制	已控制	已控制
Industry	已控制	已控制	已控制	已控制
样本量	2207	2207	2207	2207
调整 R^2	0.244	0.246	0.25	0.25

注：括号中为t检验值；***、**、*分别表示估计结果在1%、5%、10%的水平下显著。

同样地，从表4-15中列（1）和列（2）可以得出，大股东从员工持股计划董事会预案日后20天才开始显著地减持股票。从列（3）和列（4）可以看出，大股东在董事会预案日之后的120天内都存在显著的增加减持股票规模的行为。这个回归结果与表 4-10 的结果是一致的。从控制变量看,当减持股票大股东为第一大控股股东时,其减持股票规模更大;上市公司大股东之间的股权制衡可以有效地抑制大股东减持股票的行为。此外,上市公司业绩越好,大股东越不可能出现增加减持股票规模的行为。

三 变更大股东减持的衡量方式

通过分析上市公司大股东增减持股票数据,可以发现有部分大股东在员工持股计划董事会预案日之后还有增持股票的行为存在。这有可能是上市公司部分大股东减持股票仅仅出于短时间的资金周转需求,而不是真正地打算减持公司股票。这些大股东很可能在随后的一段时间内把这些减持股票买回来。因此,本节将同一个大股东在员工持股计划董事会预案日之后年度内的增持股票数据和减持股票数据进行合并,得到大股东净减持股票数据。然后,再利用这个新数据集对表 4-7、表 4-8 以及表 4-9 进行主要回归的稳健性检验,所得的回归结果见表 4-16、表 4-17 以及表 4-18。

表 4-16 员工持股计划对大股东减持股票规模的影响(基于净减持)

变量	(1) AMT	(2) TTBL	(3) LTBL	(4) AMT	(5) TTBL	(6) LTBL
ESOP	0.3883* (1.95)	0.0008** (2.10)	0.0015** (2.53)	0.6646*** (2.97)	0.0012** (2.33)	0.0020*** (2.62)
Constant	12.8748*** (13.87)	0.0057 (1.62)	0.0075 (1.62)	3.784 (1.27)	0.0001 (0.01)	0.0127 (1.19)
Controls	未控制	未控制	未控制	已控制	已控制	已控制
Year	已控制	已控制	已控制	已控制	已控制	已控制

续表

变量	(1) AMT	(2) TTBL	(3) LTBL	(4) AMT	(5) TTBL	(6) LTBL
Industry	已控制	已控制	已控制	已控制	已控制	已控制
样本量	1291	1291	1285	725	725	723
调整 R^2	0.030	0.023	0.025	0.336	0.261	0.274

注：圆括号中为 t 检验值；***、**、* 分别表示估计结果在1%、5%、10%的水平下显著。

表4-17　　员工持股计划实施对大股东减持股票的异质性分析（基于净减持）

变量	(1) 普通员工认购比例 高	(2) 普通员工认购比例 低	(3) 认购股票来源 公开市场	(4) 认购股票来源 非公开市场
ESOP	0.0030** (2.45)	0.0005 (0.48)	0.0025*** (2.65)	-0.001 (-0.79)
Constant	0.0222 (1.52)	0.0118 (0.70)	0.0145 (1.26)	0.0113 (0.42)
Controls	已控制	已控制	已控制	已控制
Industry	已控制	已控制	已控制	已控制
Year	已控制	已控制	已控制	已控制
样本量	260	299	509	121
调整 R^2	0.315	0.304	0.283	0.413

注：括号中为 t 检验值；***、**、* 分别表示估计结果在1%、5%、10%的水平下显著。

从表4-16列（1）到列（3）可以得出，上市公司实施员工持股计划后，大股东净减持股票数量和比例都有显著的增加。这表明，相对于没有实施员工持股计划的上市公司，实施员工持股计划的公司的大股东净减持股票规模更大。在加入控制变量以后，回归结果依然表明上市公司实施员工持股计划对大股东净减持股票规模有显著的正向影响，见表4-16中的列（4）到列（6）。这就再一次证明本章的研究结果具有很好的稳健性。

按照表4-8的分组方法，本节利用大股东净减持股票数量在市场流通股中所占比例为被解释变量进一步做稳健性检验回归，结果见表4-17。从表4-17列（1）和列（2）可以看出：当普通员工认购比例高时，回归结果显著为正，这表明实施员工持股计划后公司大股东倾向于更大规模地减持股票这一结论仅在普通员工认购比例高时成立。而当高管认购股票比例高时，回归结果的系数不显著，即实施员工持股计划后大股东的净减持股票行为并不显著。从列（3）和列（4）可知，当员工持股计划实施股票来源为公开市场时，上市公司实施员工持股计划后，大股东净减持股票规模会随之显著变大。

按照表4-9的做法，本节利用实施了员工持股计划且有大股东进行减持的样本分析了员工持股计划实施强度对大股东净减持股票规模的影响，得到回归结果见表4-18。

表4-18　　员工持股计划实施强度对大股东减持股票的影响（基于净减持）

变量	(1) *LTBL*	(2) *LTBL*	(3) *LTBL*	(4) *LTBL*
ESOP_ratio × *LY_dum*	—	—	—	0.0927* (1.66)
LY_dum	—	—	—	0.0003 (0.18)
EMES_ratio	—	—	0.0905** (2.10)	—

续表

变量	(1) LTBL	(2) LTBL	(3) LTBL	(4) LTBL
ESOP_ratio	10.8578** (2.51)	8.7932* (1.81)	—	0.0198 (0.46)
Constant	1.1971 (1.03)	1.5373 (0.45)	0.0134 (0.74)	-0.0065 (-0.38)
Controls	未控制	已控制	已控制	已控制
Industry	已控制	已控制	已控制	已控制
Year	已控制	已控制	已控制	已控制
样本量	631	434	385	433
调整 R^2	0.051	0.328	0.299	0.293

注：括号中为 t 检验值；***、**、* 分别表示估计结果在1%、5%、10%的水平下显著。

从表4-18列（1）和列（2）可以看出，员工持股计划实施强度（ESOP_ ratio）的回归系数显著为正，表明上市公司员工持股计划实施强度越大，大股东净减持股票的规模越大。从列（3）中可知，普通员工持股比例（EMES_ ratio）显著正向影响大股东净减持规模，即普通员工认购比例在员工持股总额中的比例越高，大股东净减持股票的规模越大。从第（4）列可以看到，交乘项 ESOP_ ratio × LY_ dum 的回归系数为正，表示员工持股计划来源于公开市场会加剧大股东净减持股票规模与计划实施规模之间的正向关系。

第六节 本章小结

近年来，随着员工持股计划被国家倡导用于国企混合所有制改革，不温不火的员工持股计划再次成为人们关注的焦点。本章使用员工持股计划公告数据实证研究了上市公司实施员工持股计划对其短期财富效应的影响。然后,进一步利用员工持股计划公告与大股东减持股票数据的合并数据研究了员工持股计划实施对公司大股东减持股票规模的影响。实证研究发现,员工持股计划并不像所有上市公司表面宣称的那样是基于公司长期战略发展目标的考虑;反而是公司大股东通过利用短期财富效应减持股票获得了确定性的短期收益。这就从大股东减持的角度分析了大股东的利益侵占行为。具体地,本章研究结果包括以下内容。

首先,本章利用倾向得分匹配法获得的样本实证对比分析了 ESOPs 公司和非 ESOPs 公司累积超额收益的差异。结果表明,实施员工持股计划的公司在董事会预案日后的累积超额收益显著高于与之匹配的未实施员工持股计划的公司。这个结论为接下来研究员工持股计划对上市公司内部大股东减持股票行为的影响做了一个铺垫。此外,通过对比分析 4 种模型的累积超额收益,可以发现:FF 3 模型和 FF 5 模型对我国上公司股票收益率的解释力非常相近,且与市场模型和 CAPM 模型有较大的差异。

其次,本章使用实施员工持股计划的公司和与其匹配的未实施员工持股计划的公司组成的样本考察是否实施员工持股计划对大股东减持股票规模的影响。通过对比分析实施员工持股计划的公司和未实施员工持股计划的公司减持股票规模的差异,可以得出:员工持股计划的实施显著地导致了大股东减持股票规模的增加。当普通员工认购比例高以及实施股票来源为公开市场时,员工持股计划实施与大股东减持股票规模之间的正向关系才显著。这就表明:大股东在减持股票之前,上市公司出于配合大股东减持股票的目的而推出 ESOPs,通过实施员工持股计划来推高股价之后,大股东确实又借助员工持股计划而更大规模地减持股票。这也就从大股东减持的角度揭示了其利益侵占行为。所以，监管当局可以考虑在实施员工持股计划时强调高管的认购比例。这样既可以保证员工与高管利益一致，提高员工持股计划的透明性；也可以降低大股东与管理层的"合谋"，减少大股东利用员工持股计划侵占员工和外部中小股东利益的行为。此外，通过引入以"公告却未实施员工持股计划的失败案例"为基础的"准自然实验"和更换大股东减持股票规模的衡量方法证明了本章结果的稳健性。

再次，当大股东利用其信息优势进行股票减持时，不仅存在"择时"现象，而且在交易规模上也存在相应的策略安排。针对员工持股计划与大股东减持股票的合并数据集发现：当内部大股东选择在实施员工持股计划之后进行减持时，员工持股计划的实施强度越大，大股东减持股票规模也越大，从而他们可以尽量大地赚取减持收益。这就进一步证明了上市公司实施员工持股计划的动机之一就是帮助内部大股东减持股票且尽量增加减持收益。对员工持股计划董事会预案日后大股东减持股票的动态过程进行分析还可以得出：内部大股东并没有利用即将公布的利好消息囤积股票，而只是为了减少持有当前已有的股票。

最后，本章通过对大股东减持后ESOPs公司超额收益率变动情况以及ESOPs公司与非ESOPs公司大股东减持效应的对比分析，得出：上市公司实施员工持股计划有利于稳定大股东减持时的股价，有效地"掩护"了大股东减持公司股票，有利于增加大股东减持股票的收益。

第五章　员工持股计划对公司价值的影响

从员工持股计划发展的过程来看，几乎所有公司实施员工持股计划时都会对外宣称是为了提升公司绩效和公司价值。但通过本书第三章和第四章的实证结果分析可知，员工持股计划不一定能够真正地体现将其作为长期激励手段的初衷，可能是大股东（包括控股股东）为了满足自己减持股票或者降低控制权转移风险需要的一种投机手段。即员工持股计划开始成为上市公司大股东侵占中小股东和员工利益的一种工具，产生了财富转移效应。如果员工持股计划能够真正地促进公司长期绩效和公司价值提升，那么实施初期的财富转移还可能得到弥补，那么员工持股计划的实施还是提高了整个社会的福利，也还具有存在的价值。从上述分析来看，员工持股计划的价值创造作用还是非常值得研究的，但目前还很少有针对我国员工持股计划对上市公司绩效和价值影响方面的研究文献。因此，本章就以2014年证监会颁布的《关于上市公司实施员工持股计划试点的指导意见》为契机，分析上市公司实施ESOPs对公司业绩和价值的影响。

本章选取2012—2018年A股上市公司为原始样本，全面考察了ESOPs的实施是否能够提升其长期业绩和公司价值，全方位地解读员工持股计划是否能够为包括持股员工在内的公司股东带来长期持有收益。进一步地，本章还分析了员工持股对公司价值产生影响的可能渠道。通过对员工持股计划实施数据的实证分析得出：上市公司实施员工持股计划并不能显著提升公司的长期价值。进一步研究发现，实施员工持股计划获得的资金可能被用于过度投资，而且员工持股没能激励员工进而促进企业全要素生产率的提升，从而可能造成其不能显著提升公司价值。主要研究贡献在于：第一，不同于以前的研究（如Park和Song，1995；Meng等，2011；Fang等，2015）在考察员工持股对企业长期价值影响时，仅仅考察了公司的长期绩效，本章还进一步考察了员工持股对上市公司股票的长期持有收益影响。这是因为本章致力于研究员工持股计划是否能为员工真正带来收益，被授予股票的员工能否获得资本利得收入（大部分中国企业很少分红），更直接地与公司的股市表现而不是公司绩效相关（郝永亮等，2019）。所以，考察长期持有收益更有助于分析员工持股计划是否真正给员工带来了收益。第二，本章分析了员工持股计划对公司长期收益和业绩产生影响的渠道，这可以加深我们对员工持股对公司价值影响的理解和认识。以往国内外有关于员工持股计划对公司价值的影响分析中少有涉及影响渠道和机制的。第三，现有文献关于员工持股计划实施对公司价值影响的研究主要集中在国外，但是Meng等（2011）认为中国的员工持股计划不涉及税收节省和防御并购的动机，能够更为"干净"地考察员工持股计划是否可以真正激励员工和提升公司价值等相关问题；因而本章的研究也丰富了有关实施员工持股计划经济效果的研究文献。

本章其他内容的主要安排是：第一节包括理论分析与研究假设；第二节为研究设计，包括数据说明、模型设定以及变量定义；第三节汇报了本章的主要研究结果并进行了相应的分析；第四节对员工持股计划影响公司价值的渠道和机制进行分析；第五节为本章的小结部分。

第一节 理论分析与研究假设

一 员工持股计划与公司价值

从公司治理角度看,员工持股计划除了可以激励员工努力工作外,还可以发挥员工对经理层的监督作用。ESOPs 作为一项替代性的薪酬制度,赋予了员工剩余收益索取权,同时创建了一种将员工的薪酬与公司股价表现挂钩的激励机制。公司实施 ESOPs 可以将员工财富与公司剩余价值更加紧密地联系在一起,缓解劳资之间的利益冲突,可以让其在日常行动中相互监督,降低员工与公司之间的代理成本,激励员工更加努力地工作,确保各种决策得到有效的实施(Harbaugh,2005;Fang 等,2015;王砾等,2017)。同时,ESOPs 赋予了员工不同程度的企业所有权,激发了他们当家做主的"主人翁"意识,增强了员工参与公司事务的积极性和企业决策的执行效率(黄速建和余菁,2015)。

另外,员工持股计划能够通过积累公司的人力资本,从而提高公司的创新能力和生产效率。ESOPs 的实施在提高员工福利的同时也增加了员工跳槽的机会成本,筛选保留那些对公司发展前景持乐观态度的员工,减少人员不必要的频繁流动(Blasi 等,2016;Sengupta 等,2007),有益于员工对企业专属人力资本的积累,形成与巩固企业核心竞争力,降低人员招聘和培训成本(Core 和 Guay,2001;Ittner 等,2003)。同时,稳定的团队结构又能够降低不断培训、人员磨合以及知识传播的成本,也有助于形成更多的公司特有的人力资本(Jones 和 Kato,1995)。人力资本的最大价值莫过于创新和生产效率,孟庆斌等(2019)以及周冬华等(2019)以我国上市公司为研究样本,得出结论：员工持股计划能够促进公司研发投资和创新产出。Kumbhakar 和 Dunbar（1993）、Sesil 等（2002）以及 Cin 和 Smith（2002）都发现员工持股制度能够显著提高公司生产效率。

通过上述分析，理论上员工持股计划确实能够激励员工，从而有利于提升公司价值（Chang 和 Mayers，1992；Ginglinger 等，2011；黄桂田和张悦，2009；张小宁，2002）。

然而，学者们发现很多企业不是出于激励动机而实施 ESOPs。部分国外文献（Stulz，1988；Gordon 和 Pound，1990；Kim 和 Ouimet，2014）讨论了企业如何利用员工持股计划进行收购防御。因为 ESOPs 使得员工拥有一定比例的投票权，在企业面临收购威胁时，他们出于保障工作等利益考量倾向于与管理层进行结盟，使管理层实际上掌握高于自身持股比例的话语权，能够有效抵御不利于管理层的收购活动（Chaplinsky 和 Niehaus，1994；Kim 和 Ouimet，2014）。有研究显示，带有明显反收购倾向的 ESOPs，其在股票市场的公告效应为负（Cole 和 Mehra，1998；Ginglinger 等，2011）。此外，企业也可能出于融资约束或者减少资金支出等非激励动机而实施员工持股计划，这种动机会影响公司的收益（Beatty，1995）。Core 和 Guay（2001）分析了影响企业实施员工持股计划的影响因素，发现当公司面临更多资本需求或面临融资约束时，更偏好实施 ESOPs。Babenko 等（2011）发现，当上市公司面临较高的投资资金需求时，员工股票期权的行使为公司带来的大量现金注入可以代替昂贵的外部资金。还有观点认为，ESOPs 使得员工话语权过高，不利于企业生产率提升（Faleye 等，2006）。因为对于普通员工来说，未来工资和福利的现值要远大于股票权益的现值，这就会使得公司倾向于采用低风险、低投资和低增长的经营战略，从而对生产效率产生不利影响。针对我国员工持股计划，陈运佳等（2020）认为公司会基于市值管理的动机实施员工持股计划；郝永亮等

(2019)发现上市公司会出于限售股解禁的需要而实施员工持股计划。本书的第三章和第四章的实证结果同样表明上市公司在实施员工持股计划时不是为了提升公司业绩,而仅仅是为了防止存在股权质押的控股股东遭受控制权转移风险或者是为了"掩护"大股东减持股票,因而也就很难为公司创造更高的价值。

Klein 和 Hall（1988）认为,想要提升公司长期绩效和公司价值,就需要员工持股计划的制度安排能够真正地激励员工,提升员工对公司目标的认同感。如果公司出于非激励目标而实施员工持股计划,以至于仅有少数利益相关群体能从员工持股计划中获得收益；那么,员工持股计划的激励效果便会大大降低；同时,员工持股计划也很难对公司价值产生正向的影响。王晋斌（2005）就认为我国公司实施员工持股计划并不一定能够提升公司业绩。因为较低的持股比例难以保证职工代表进入董事会参与公司治理,不利于提升员工对公司的认同感。此后,利用中国的员工持股数据,Meng 等（2011）和 Fang 等（2015）都发现,上市公司施行员工持股计划与否对公司长期业绩并没有显著影响。综合上述分析,员工持股计划的实施会对公司价值产生影响,但这种影响是好坏参半的（Brickley 和 Hevert, 1991）。为此,本章提出以下两个"竞争性"假设加以检验。

假设 H1a：在控制其他影响因素的条件下,上市公司实施员工持股计划能够显著提升公司价值。

假设 H1b：在控制其他影响因素的条件下,上市公司实施员工持股计划不能够显著提升公司价值。

二 员工持股计划与过度投资

自从 Fazzari 等（1988）开创性地研究了融资约束与公司投资这两者之间的关系后,大量研究都表明公司投资与现金流之间存在显著的正向关系（Stein，2003）。总体来说，这种"正向的投资—现金流关系"有两种经典的理论解释：第一种解释基于不对称信息，代表人物是 Myers 和 Majluf（1984）。该理论认为，由于公司和资本市场之间的信息不对称，外部资本的提供者在资本成本中包含了反映平均投资项目风险的风险溢价，使得外部资金的边际成本高于内部资金，这可能导致净现值（NPV）为正的良好投资项目被企业拒绝（如债务悬置问题，Debt Overhang）。[①] 因此，信息不对称假说侧重解释企业投资不足。另一种解释基于自由现金流的代理成本，代表人物是 Jensen（1986）。该理论认为，当管理者的目标与股东的目标不一致时，管理者会在无利可图的项目上进行浪费性支出来满足自己的私人利益（如帝国建设战略，Empire Building）。[②] 因此，这种自由现金流假说认为投资与现金流之间的正向关系是由于企业经理人浪费自由现金流（滥用管理者自由裁量权）导致的，是企业过度投资的一种表现。现实世界中，投资现金流敏感性主要来自自由现金流的代理成本。比如，Pawlina 和 Renneboog（2005）、Richardson（2006）、Degryse 和 De（2006）以及 Wei 和 Zhang（2006）分别使用英国、美国、荷兰和东亚新经济体中国家的上市公司的样本证实了这一事实：现实世界中过度投资的原因与代理成本理论解释更一致，过度投资集中在自由现金流量水平较高的公司。

---

① 债务悬置（Debt overhang）是指：本身存在巨额债务负担的缺乏自由现金流的公司，如果它通过发行新债为现有的一个正净现值的项目融资，由于债券的优先偿还权，项目的收益分配给新老债权人后，股东可能什么也得不到。如果是这样，公司会放弃这样的项目。

② 帝国建设战略（Empire Building）是指：管理者的私人目标可能与股东利润最大化的目标不一致。相对于经营盈利的公司，经理们可能对经营大型企业有更浓厚的兴趣。比如，为降低企业破产风险而倾向于多元化经营，为增加保住工作的机会而热衷于大力投资需要特定人力资本的项目。这些偏好导致管理者进行过度投资，将公司的自由现金流量投资在负净现值的项目上。

因此，根据上述关于公司过度投资的理论，员工持股计划可能导致上市公司产生过度投资行为。首先，ESOPs除了充当上市公司的市值管理工具以外，它还是不少公司募集资金的渠道，即员工持股计划的一个最重要作用就是作为公司融资的资金来源（Core和Guay，2001；Babenko等，2011）。而且，由内部股权激励所获得的资金流会影响企业的投资选择。Babenko等（2011）的研究就发现，公司从股权激励中获得的大约34%的现金流被用于增加公司投资。根据上述有关"正向的投资—现金流关系"的分析可知，由于员工持股计划增加了公司的现金流，因而可以推测实施员工持股计划的公司更容易出现过度投资现象。其次，员工持股计划可能引起经理人投资态度的变化，从而导致企业的投资行为。自Roll（1986）将过度自信引入公司金融后，很多文献使用高管过度自信对"正的投资—现金流关系"给出了全新的解释（如Malmendier和Tate，2005；Glaser等，2008），他们发现拥有乐观经理的公司投资更多，对投资现金流的敏感度更高。这是因为过度自信的经理人更有可能将好结果归因于他们的能力，而将坏结果归因于坏运气，系统性地高估了他们投资项目的回报，在投资上过于大胆。当上市公司实施ESOPs后，由于存在短期的激励作用，公司员工可能更加努力，公司生产效率和公司业绩也可能得到提高。此时，上市公司经理人可能会认为这是自己投资能力强的结果，从而进一步扩大投资，引发上市公司过度投资行为。最后，根据代理理论（Jensen和Meckling，1976），出于自身利益的考虑，上市公司员工（包括管理层）在参与员工持股计划后会提升其风险承担水平（Chang等，2015），从而会推高公司的投资水平。根据以上分析，本章提出以下假设。

假设H2：在其他条件不变的情况下，相对于没有实施ESOPs的上市公司来说，实施ESOPs的公司过度投资行为更为显著。

第二节 研究设计

一 数据来源与说明

本章选取2012—2018年我国A股上市公司数据为初始样本。在此基础上,对样本做了以下处理:剔除了金融行业上市公司、被ST和PT的公司以及相关数据缺失的公司样本。针对员工持股计划公告记录,本章进一步剔除了最终取消或停止实施的记录;同时,为了消除员工持股计划处理组样本受到第二次实施冲击的影响,本章仅选取样本期间第一次成功实施员工持股计划的样本。最终得到3346家公司对应的19024个公司—年度观测值,其中包含565家实施过员工持股计划的样本公司。为了控制一些极端观测值的影响,本章对所有连续变量进行了1%—99%的缩尾处理。使用数据的来源:员工持股计划公告数据来自WIND数据库以及巨潮资讯收集整理,其他公司财务数据来自CSMAR数据库。

由于ESOPs实施的动机多种多样,实施ESOPs的公司与没有实施ESOPs的公司在结果上的差异可能仅仅反映了两组样本事前存在的差异,即实施员工持股计划的公司可能是因为它们共同具有的某些自身因素驱动才导致这些公司实施了员工持股计划。加之实施员工持股计划的公司数在上市公司总数中所占比例仍然较小,而且实施ESOPs的公司也不是有规律地每年都推行员工持股计划。因此,直接比较实施员工持股计划的公司和没有实施员工持股计划的公司极易受到公司自身内部以及特征的干扰,从而对研究结果产生影响。为此,本章使用倾向得分匹配(PSM)方法处理样本后,再对员工持股计划对公司价值的影响进行分析。

本章为每个成功实施员工持股计划的公司采用 PSM 的 1∶1 最近邻匹配方法，从未实施员工持股计划的公司中寻找一个与之倾向得分值最接近的公司，从而构建出实验组（ESOPs 组）和对照组公司（非 ESOPs 组）。考虑到上市公司在宣布计划实施员工持股后，需要获得证监会等机构的批准后才能够得以成功地实施，而证监会在考虑是否批准上市公司实施员工持股计划时会参考公司二级市场股价表现；因此，本章在进行倾向得分匹配时加入了一些上市公司股票市场相关的变量。最终，本章选取公司规模（SIZE）、托宾 Q 值（TQ）、周收益率年均值（WRET）、第一大股东持股比例（BIGR）、股权性质（SOE）、机构持股比例（INSTO）、年月均超额换手率（MTUN）、资产负债比（LEV）、总资产收益率（ROA）、周收益率标准差年均值（WVOL）以及行业哑变量（Industry）和年度哑变量（Year）作为控制变量，进行 Logit 回归。在匹配时，本章选择员工持股计划实施一年前的公司特征数据进行匹配，以确保 Logit 回归不受处理效应的影响。表 5-1 展示了倾向得分匹配（PSM）的回归结果。

表 5-1　　　　　倾向得分匹配（PSM）回归估计结果

变量	匹配前			匹配后		
	回归系数	标准误	Z 检验值	回归系数	标准误	Z 检验值
SIZE	0.240	0.054	4.44 ***	-0.040	0.074	-0.53
LEV	0.027	0.290	0.09	0.031	0.390	0.08
ROA	0.392	0.473	0.83	0.086	0.613	0.14
BIGR	-0.201	0.327	-0.61	0.297	0.448	0.66
INSTO	-0.010	0.012	-0.80	-0.022	0.016	-1.39
SOE	-2.140	0.164	-13.02 ***	-0.181	0.213	-0.85

续表

变量	匹配前			匹配后		
	回归系数	标准误	Z 检验值	回归系数	标准误	Z 检验值
TQ	-0.053	0.035	-1.50	-0.037	0.050	-0.75
$MTUN$	-0.249	0.035	-7.06***	0.000	0.046	0.00
$WRET$	-43.425	6.473	-6.71***	-16.311	6.880	-2.37**
$WVOL$	36.053	4.173	8.64***	5.859	5.656	1.04
$Constant$	-10.903	1.357	-8.03***	0.863	2.254	0.38
Industry	已控制			已控制		
Year	已控制			已控制		
	Logit Likelihood = -1914.657			Logit Likelihood = -774.675		
	Pseud-R^2-Square = 0.164			Pseud-R^2-Square = 0.009		

注：***、**、*分别表示估计结果在1%、5%、10%的水平下显著。

从表5-1可以发现，在样本匹配前，上市公司规模、企业性质、二级市场股票收益率和换手率等因素都会显著影响公司员工持股计划成功实施的概率。具体而言，规模越大的公司越可能成功实施员工持股计划。而国有上市公司更难成功实施员工持股计划，这可能是因为国有企业在推行员工持股计划时要涉及国有资产流失的问题，监管部门在审批过程中会采取更为谨慎的态度。资产收益率和第一大股东占比等因素对上市公司实施员工持股计划没有显著影响。众所周知，PSM匹配的有效性需要通过假设检验进一步说明。从表5-1可知，在PSM匹配后，几乎所有变量在实验组与控制组之间的差异都变得不显著。可见，PSM匹配方法有效地控制了一系列影响公司实施员工持股计划的特征变量，消除了实验组与对照组公司在可见维度上的显著差异。

图 5 – 1 展示了处理组和控制组样本通过倾向匹配得分的最近邻匹配之前和之后的概率密度。根据图 5 – 1（a）可知，处理组和控制组在匹配之前，其密度分布差异很大，如果直接利用这些样本来分析员工持股计划对公司业绩和价值影响的相关问题，可能因为样本公司自身的特征而对研究结果产生不利影响。由图 5 – 1（b）可知，匹配后的处理组和控制组概率密度分布高度重合，再次说明本章所运用的 1∶1 最近邻匹配方法是有效的。

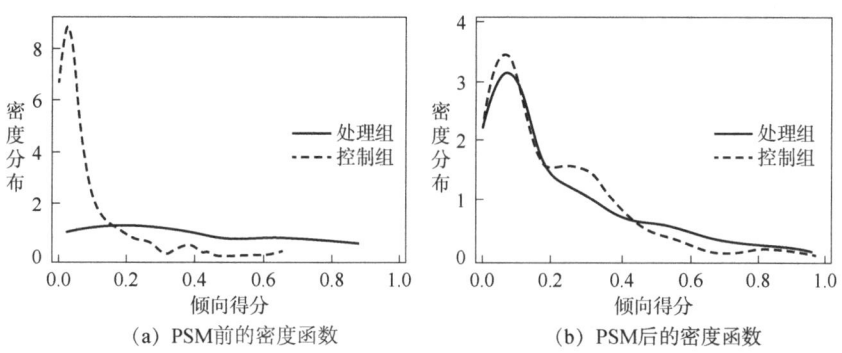

图 5 – 1　倾向得分概率密度

经过上述倾向得分匹配后，565 条实验组样本各自获得 1 条对照组样本，形成了由实验组样本（实施员工持股计划）和控制组样本（未实施员工持股计划）共同组成的 1130 条样本集合。在匹配完成后，本章会给对照组公司设置一个与对应实验组相同的实施员工持股计划虚拟起始年份。

二　模型设定与变量定义

（一）模型设定

为了检验员工持股计划的实施是否会对公司价值产生影响，参照 Meng 等（2011）的研究方法，本章构建了以下基准回归模型。

$$Y_{i,t} = \alpha + \beta ESOP_{i,t} + \gamma Controls_{i,t-1} + \sum Industry + \sum Year + \varepsilon_{i,t}$$

(5-1)

其中，i 和 t 分别表示公司和年份，$Y_{i,t}$ 为被解释变量，主要解释变量 $ESOP_{i,t}$ 为该公司在该年度是否实施过员工持股计划的虚拟变量，$Controls_{i,t}$ 表示控制变量集合，本模型同时控制了公司的行业固定效应和年度固定效应。为减轻因反向因果等引起的内生性，所有控制变量均滞后一期，$\varepsilon_{i,t}$ 表示回归模型的随机扰动项，在回归时本章采用了基于个体层面的聚类稳健标准误。

借鉴目前有关于公司价值的研究文献，本章从会计业绩、市场业绩、公司发展能力以及股东的股票长期持有收益等多个角度来度量公司价值，以便于更为全面地分析实施员工持股计划是否能够为公司员工以及公司股东创造价值。首先，对于会计业绩的代理变量选取总资产收益率（ROA）和净资产收益率（ROE）；这两个指标体现了公司过去一段时间内的经营业绩，是评价公司盈利能力和反映公司价值的重要指标（Ciftci 等，2019）。但这两个指标都是基于公司过去的业绩，不能反映投资预期；且它们很容易受到人为操作的影响（佟岩和陈莎莎，2010）。因此，本章进一步选取了能够反映公司市场业绩的指标托宾 Q 值和股票持有收益率，它们包含了投资者对利润的预期，是一个前瞻性指标，也得到研究者的广泛应用（Fauver 等，2017；Li 等，2018）。从投资者预期的角度看，这两个指标优于资产收益率（ROA）等历史业绩指标；但是，因为我国资本市场并非一个有效的市场，且很容易受宏观市场因素的影响，所以托宾 Q 和股票收益率也可能出现衡量偏误的问题，这同样说明用资产收益率（ROA）等指标衡量公司价值也是有必要的。此外，本章还选取了营业收入增长率（SGR）衡量公司发展能力，该指标也能较好地衡量公司价值。

因此，对于模型 5-1 的被解释变量，本章将选取总资产收益率（ROA）、净资产收益率（ROE）、托宾 Q 值（TQ）和营业收入增长率（SGR）作为公司价值进行相关研究。对于股票持有收益率，本章将采用其他模型进行研究。参照 Meng 等（2011）的研究，控制变量选取包括：公司规模（SIZE）、资产负债比（LEV）、企业性质（SOE）、公司年龄（AGE）、员工总人数（EMP_num）、销售比率（Sale）。

（二）重要变量的计算

1. 长期持有异常收益的计算

因为员工持股计划的锁定期最长为三年[①]，本章主要研究其实施后三年的经济效果，使用股票收益率的月度数据计算员工持股计划发生后的 1 年、2 年和 3 年内 ESOPs 组和非 ESOPs 组各自的长期连续复合收益来分析员工持股计划是否能够为员工带来长期持有异常收益。长期持有异常收益的计算公式如下：

$$HBAR_i(t,n) = \exp\left[\sum_{k=0}^{k=12n-1}\log(1+R^*_{i,t+k})\right] - \exp\left[\sum_{k=0}^{k=12n-1}\log(1+R^*_{p,t+k})\right], n=1,2,3 \quad (5-2)$$

其中，t 表示当前月份，n 表示年数，$R^*_{i,t+k}$ 表示考虑（或不考虑）现金红利再投资的月个股回报率，$R^*_{p,t+k}$ 表示参照资产组合收益，使用公式（5-2）计算的长期收益被称为买入并持有异常收益（Buy-and-Hold Abnormal Returns, BHARs）。在实际计算中，可以选择不同的参照资产组合收益，本章将选取两种方式作为参照资产的组合收益率。其一，当选取与样本股票相对应的市场收益率时，我们

[①] 《关于上市公司实施员工持股计划试点的指导意见》规定 "每期员工持股计划的持股期限不得低于 12 个月，以非公开发行方式实施员工持股计划的，持股期限不得低于 36 个月，自上市公司公告标的股票过户至本期持股计划名下时起算。"

可以得到一种买入并持有异常收益，简记为 BHAR_1。其二，根据本书第三章统计分析可知，相比主板和中小板，创业板中会有更高比例的公司实施员工持股计划，这表明不同规模公司实施员工持股计划的激励可能不同。同时，根据 Fama 和 French 的三因素模型可知，公司规模和账面市值比都会影响上市公司股票收益率。因此本章将上市公司市值和账面市值比分组后各组样本加权组合收益视为参照收益率，计算样本公司的超额收益，然后进行对比分析。参照资产投资组合收益的计算方法是：以每年 6 月份的月度收益率为基础数据，将股票市场上每年的所有股票分别按市值和账面市值比分为 5 等分，这样每年所有股票便形成了 5×5 的投资组合，整个股票市场被分为 25 组，分别计算每个分组内股票的平均收益率，以此作为参照组合收益。利用分组方法计算得到的另一种买入并持有异常收益，简记为 BHAR_2。

2. 公司生产效率的计算

目前大致有参数法、非参数法和半参数法这三种方式可用来计算公司生产效率，鲁晓东和连玉君（2012）比较详细地对比了 OLS 方法、固定效应法、Olley – Pakes 法（OP 法）和 Levinsohn – Petrin 法（LP 法）等方法在核算中国公司生产效率上的优势与劣势。此后，Ackerberg 等（2015）认为 OP 法和 LP 法的第一步估计过程中存在严重的共线性问题，所以他们通过将劳动投入引入中间生产函数的方法重新测度了 TFP，因而将之简称为 ACF 法。本章使用 LP 法和 ACF 法分别估算企业的生产效率。这两种方法使用半参数估计对传统的 Cobb – Douglas 生产函数 $Y_{it} = A_{it} K_{it}^{\beta_k} L_{it}^{\beta_l} M_{it}^{\beta_m}$（其中 Y、K、L、M、A 分别表示总产出、资本投入、劳动投入、中间投入品和无法观测的全要素生产率）的对数形式进行估计，克服了传统方法因"同时性偏差"导致的内生性问题。其中，生产函数的对数形式如下：

$$y_{i,t} = \beta_k k_{i,t} + \beta_l l_{i,t} + \beta_m m_{i,t} + \ln(A_{i,t}) = \beta_k k_{i,t} + \beta_l l_{i,t} + \beta_m m_{i,t} + \beta_0 + \varepsilon_{i,t}$$

(5-3)

　　LP 法的核心思想是将中间品的投入作为无法观测的全要素生产率的代理变量，这意味着全要素生产率是中间品的投入和资本投入的未知形式的函数。LP 法的计算过程分为两个阶段。第一阶段，首先令全要素生产率对数为中间品的投入对数和资本投入对数的线性函数。然后，根据生产函数方程式，用主营业务收入的对数对劳动投入的对数、资本投入的对数、中间投入品的对数做 OLS 回归，可得到劳动力投入对数的一致估计系数。第二阶段，全要素生产率假设满足一阶 Markov 过程，这意味着下一期的第一阶段回归的残差和当期的第一阶段回归的残差存在一阶的自相关关系。利用该一阶 Markov 过程，通过非参数估计可以得到资本投入对数和中间投入品对数的一致估计系数。最后，将两个阶段分别求出的三个回归系数（其中，劳动投入对数的回归系数已经在第一阶段计算出）重新代入生产函数便可求得全要素生产率。ACF 法沿用了 OP 法及 LP 法的一般框架，但 ACF 方法认为资本投入是在当期全要素生产率之前确定下来的，企业在劳动投入的决策之后才进行中间投入的决策。因此，第一阶段将全要素生产率视作劳动投入、中间投入和资本投入的函数（则第一阶段劳动投入的系数不能被识别）。该方法在第一阶段保留的结果是产出的拟合值，然后在第二阶段根据全要素生产率满足的一阶 Markov 过程进行非参数估计。于是，资本投入对数、劳动投入对数、中间投入品对数的系数全部在第二阶段获得。这两种方法在 STATA 中已经可以分别通过命令 levpet 和 acfest 直接实现（Mollisi 和 Rovigatti，2017）。鉴于 OP 法在我国使用也非常广泛，本章将对利用 OP 法和 GMM 法估计出的要素生产率进行稳健性检验。

3. 公司过度投资的计算

公司过度投资通过 Richardson（2006）的回归模型计算得到。该回归估计模型如下：

$$I_{i,t} = \alpha + \beta_1 TQ_{i,t-1} + \beta_2 LEV_{i,t-1} + \beta_3 CASH_{i,t-1} + \beta_4 AGE_{i,t-1} + \beta_5 SIZE_{i,t-1} \\ + \beta_6 RETURN_{i,t-1} + \beta_7 I_{i,t-1} + \sum Year + \sum Industry + \varepsilon_{i,t}$$

$$(5-4)$$

该模型中的被解释变量 $I_{i,t}$ 为该公司当年的新增投资。控制变量为：托宾 Q 值（TQ）、总负债与总资产之比（LEV）、货币现金持有量与公司总资产比值（$CASH$）、公司年龄（AGE）、总资产对数（$SIZE$）、公司股票收益率（$RETURN$），以及公司的行业和年度哑变量。对于当年新增投资 $I_{i,t}$，本章采用两种方式进行衡量。其一，将"公司购建无形资产、固定资产和其他长期资产支付现金与公司处理无形资产、固定资产和其他长期资产支付现金的差值与总资产的比值"作为代理变量，因而所得的过度投资指标为 $OVER\_zb\,1$；其二，将"公司构建无形资产、固定资产和其他长期资产支付的现金加上取得子公司及其他营业单位支付的现金以及投资支付的现金再减去处置无形资产、固定资产和其他长期资产收回的现金净额和处置子公司及其他营业单位收到的现金净额以及收回投资收到的现金"作为代理变量，因而所得的过度投资指标为 $OVER\_zb\,2$。利用投资模型（5-4）计算得出新增投资的拟合值就代表了按照投入要素应得的投资理论值，因而企业的实际投资值与该理论投资值的差（也就是上述回归模型的残差）就代表了非效率投资量。参照江轩宇和许年行（2015）的处理方式，当非效率投资 $\varepsilon_{i,t}$ 小于 0，则企业过度投资取 0；当非效率投资 $\varepsilon_{i,t}$ 大于 0，企业过度投资额取 $\varepsilon_{i,t}$。

（三）变量定义

根据上文模型设定以及接下来的实证研究需要，本章总结了主要解释变量和所有被解释变量，其定义见表5-2。

表5-2 主要变量定义表

变量名称	符号	变量定义
员工持股计划哑变量	ESOP	若该公司在该年度正式实施过员工持股计划则取值为1，否则为0
总资产收益率	ROA	净利润/公司总资产
净资产收益率	ROE	净利润/公司拟净资产
托宾Q值	TQ	（公司债券账面价值+股票市值）/公司总资产
营业收入增长率	SGR	当期营业收入/上期营业收入
全要素生产率	TFP_lp	使用Levinsohn和Petrir（2003）的方法估算的全要素生产率
全要素生产率	TFP_acf	使用Ackerberg等（2015）的方法估算的全要素生产率
过度投资指标	OVER_zb 1	公司实际资本投资水平减去用Richardson（2006）的方法估算的公司正常投资水平。
过度投资指标	OVER_zb 2	公司实际资本投资水平减去用Richardson（2006）的方法估算的公司正常投资水平。
公司规模	SIZE	公司总资产的对数
资产负债比	LEV	总负债/总资产
企业性质	SOE	国有控股企业取1，否则取0
公司年龄	AGE	上市年数的对数
员工总人数对数	EMP_num	ln(1+员工总人数)
销售比率	Sale	销售额/总资产

第三节 实证结果及分析

一 描述性统计分析

表5-3报告了本章主要变量的描述性统计分析结果。

表5-3　　　　　　　主要变量的描述性统计分析

变量名	样本量	均值	标准差	最小值	中位数	最大值
ESOP	19024	0.083	0.276	0.000	0.000	1.000
ROA	18978	0.037	0.065	-0.262	0.036	0.217
ROE	18874	0.049	0.154	-0.983	0.064	0.331
TQ	18311	2.153	1.532	0.886	1.654	10.314
SGR	18963	0.200	0.554	-0.615	0.104	3.943
TFP_lp	17131	14.453	1.226	8.689	14.441	19.277
TFP_acf	17131	12.069	1.078	5.863	12.028	17.230
$OVER\_zb$ 1	17266	0.035	0.079	0.000	0.000	0.468
$OVER\_zb$ 2	17266	0.033	0.077	0.000	0.000	0.466
SIZE	18991	22.143	1.297	19.505	21.985	26.062
LEV	18978	0.435	0.215	0.053	0.424	0.951
SOE	18991	0.363	0.481	0.000	0.000	1.000
AGE	18978	2.173	0.792	0.000	2.303	3.258
EMP_num	18882	7.630	1.284	4.205	7.570	11.135
Sale	18382	0.498	0.357	-0.076	0.489	1.000

第五章 员工持股计划对公司价值的影响

从表 5-3 的描述性统计分析结果来看，有大约 8.3% 的观测样本公司实施过员工持股计划，所有公司的总资产收益率平均值约为 3.7%，净资产收益率平均值约为 4.7%，营业收入增长率约为 20%，这说明我国大部分上市公司都还处于不断扩张阶段。从全要素生产率来看，基于 ACF 法计算的结果总体上要低于 LP 法，LP 法计算出的结果差不多高出 ACF 法 20%。从过度投资度量方式来看，两种过度投资度量方式算出来的结果总体上相差不大。

通过对成功实施员工持股计划样本的描述性统计分析可知，员工持股计划平均锁定时间期限为 1.72 年。本章利用倾向得分匹配后的样本（分为 ESOPs 组和非 ESOPs 组）分析在员工持股计划实施后上市公司两年内的股票交易收益率变动情况，可以直观地了解员工持股计划是否能够为包括员工在内的股东带来长期收益。主要思路为：以员工持股计划实施日前 200 天至前 10 天内考虑现金红利再投资的日个股回报率的均值作为历史平均收益率的参考值，考察了每组公司在员工持股计划实施日前 10 天到实施日后 490 天内每天日回报率相对于历史平均收益率的变化趋势。具体做法为：首先，以员工持股计划实施日前 200 天至前 10 天内且考虑现金红利再投资的日个股回报率的均值作为参考的历史平均收益率；然后，利用每个组内每只股票在持股计划实施日前 10 天至后 490 天内每天日回报率减去参考的历史平均收益率，从而得到每只股票的超额收益率；最后，利用员工持股计划实施日前 10 天至后 490 天内每天组内平均超额收益率，获得员工持股计划实施日后超额收益率变动趋势，如图 5-2 所示。

因为直观描述性的分析不需要计量经济学假设，所以描述性分析反而能够更为真实地反映样本的客观情况。根据图 5-2 的描述可以非常直观地看出，在持股计划实施日后 ESOPs 组和非 ESOPs 组的日收益率相对于历史收益率几乎步调完全一致地逐渐回落，且没有出现过较

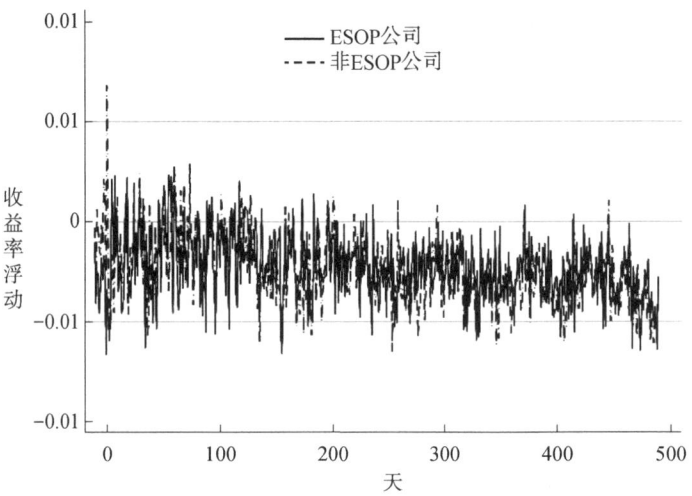

图 5-2 持股计划实施日后收益率变化趋势

大幅度的增加。这背后可能的含义是：从相对长期来看，员工持股计划并不能带来上市公司股票长期收益率的提升。

二 主要实证结果与分析

(一) 长期持有异常收益的单变量检验

因为员工持股计划的最长锁定期通常为三年，本章就利用股票收益率的月度数据计算员工持股计划发生后的 1 年、2 年和 3 年内 ESOPs 组和非 ESOPs 组各自的长期连续复合收益来分析员工持股计划是否能够为包括员工在内的股东带来长期异常收益。由本章第二节中的研究设计可知，根据参照的资产组合不同，计算的长期异常收益可以分为两类：以样本公司所在市场板块的市场收益率为参照基准的买入并持有异常收益（即 BHAR_1），以及以样本公司所在分组的投资组合收益率为参照基准的买入并持有异常收益（即 BHAR_2）。每一类又在考虑现金红利再投资和不考虑现金红利再投资两种情形下分别进行了计算用以做比较。员工持股计划带来的长期异常收益单变量检验结果见表 5-4。

表5-4 员工持股计划实施对长期异常收益影响的单变量检验结果

Panel A：买入并持有收益1（BHAR_1）

持有期限	现金红利	非ESOPs组	ESOPs组	组间差值	P值
1年	考虑	-0.014	0.008	-0.022	0.381
	不考虑	-0.015	0.007	-0.022	0.379
2年	考虑	-0.065	-0.070	0.006	0.905
	不考虑	-0.066	-0.071	0.005	0.909
3年	考虑	-0.109	-0.080	-0.029	0.654
	不考虑	-0.111	-0.082	-0.029	0.648

Panel B：买入并持有收益2（BHAR_2）

持有期限	现金红利	非ESOPs组	ESOP组	组间差值	P值
1年	考虑	-0.016	0.012	-0.028	0.216
	不考虑	-0.016	0.012	-0.028	0.218
2年	考虑	-0.010	0.010	-0.020	0.659
	不考虑	-0.011	0.009	-0.020	0.658
3年	考虑	-0.077	-0.022	-0.055	0.358
	不考虑	-0.078	-0.023	-0.055	0.355

注：***、**、*分别表示估计结果在1%、5%、10%的水平下显著。

由表5-4的Panel A可知，在员工持股计划实施日之后的1年、2年、3年内ESOPs组公司与非ESOPs组公司的异常收益平均值不存在显著的差异。在买入并持有的两年时间内，非ESOPs组公司的异常收益平均值甚至比ESOPs组更高。因而，从长期异常收益单变量检验来看，员工持股计划实施在提升公司股东长期收益方面是无效的，员工持股计划只能在董事会预案宣告日后短期时间内发挥财富效应。从表5-4的Panel B可知，在分组考虑上市公司规模和账面市值比的因素后，ESOPs组公司的买入并持有收益比非ESOPs公司表现略好，但这种差异在统计上并不显著。这再次说明，员工持股计划的实施并不能显著地为公司股东提供长期异常收益，因而本章的假设H1b得到了验证。

(二) 员工持股计划与公司价值

为了研究员工持股计划的实施对公司价值的影响，本节进一步利用模型5-1对我国上市公司2012—2018年的全样本和PSM样本进行回归分析。表5-5就报告了上市公司实施员工持股计划对公司价值的影响，用于衡量公司价值的指标包括：总资产收益率（ROA）、净资产收益率（ROE）、托宾Q（TQ）和营业收入增长率（SGR）。其中，表5-5的列（1）至列（4）是针对全样本的回归结果，列（5）至列（8）针对的是倾向性匹配（PSM）样本的回归结果。

表5-5　　员工持股计划对公司价值影响的回归分析

变量	(1)	(2)	(3)	(4)	(5)	(6)	(7)	(8)
	全样本				PSM样本			
	ROA	ROE	TQ	SGR	ROA	ROE	TQ	SGR
ESOP	-0.004 (-1.52)	-0.017* (-1.71)	0.018 (0.41)	-0.108*** (-4.69)	-0.003 (-1.11)	-0.006 (-0.92)	0.027 (0.48)	-0.027 (-1.02)
SIZE	0.014*** (3.41)	0.099*** (3.61)	-0.986*** (-19.89)	0.228*** (7.56)	0.029*** (6.53)	0.052*** (5.50)	-1.077*** (-11.48)	0.170*** (3.69)
LEV	-0.167*** (-7.39)	-0.699*** (-7.21)	0.566*** (3.75)	-0.053 (-0.72)	-0.149*** (-8.96)	-0.256*** (-6.73)	0.703*** (2.67)	-0.053 (-0.43)

续表

变量	(1)	(2)	(3)	(4)	(5)	(6)	(7)	(8)
	全样本				PSM样本			
	ROA	ROE	TQ	SGR	ROA	ROE	TQ	SGR
SOE	-0.002 (-0.52)	0.015 (0.29)	-0.263** (-2.47)	-0.165** (-2.27)	-0.019 (-1.50)	-0.018 (-0.57)	0.04 (0.19)	-0.136* (-1.66)
AGE	-0.008*** (-3.51)	0.021 (1.08)	0.807*** (13.70)	-0.100*** (-3.51)	-0.01 (-1.38)	0.01 (0.67)	0.908*** (6.33)	-0.068 (-1.24)
EMP_num	0.002 (0.95)	(0.020) (-1.47)	(0.044) (-1.01)	0.058** (2.01)	0.002 (0.59)	0.004 (0.49)	0.011 (0.17)	0.065* (1.88)
Sale	(0.005) (-0.77)	0.010 (0.20)	0.112 (1.26)	0.514*** (8.36)	(0.005) (-0.59)	(0.019) (-1.07)	(0.026) (-0.15)	0.558*** (6.31)
Constant	-0.189*** (-2.60)	-1.670*** (-3.30)	21.841*** (22.04)	-5.158*** (-9.51)	-0.519*** (-6.00)	-0.981*** (-5.41)	23.150*** (12.28)	-3.999*** (-4.59)
Year	已控制	已控制	已控制	已控制	已控制	已控制	已控制	已控制
Industry	已控制	已控制	已控制	已控制	已控制	已控制	已控制	已控制
样本量	18274	18180	17650	18265	5603	5588	5458	5601
R^2	0.156	0.269	0.760	0.143	0.594	0.461	0.736	0.287

注：圆括号中为t检验值；***、**、*分别表示估计结果在1%、5%、10%的水平下显著。

根据表5-5的列（1）至列（4）可知，对于全样本来说，员工持股计划哑变量（ESOP）前面的回归系数并不显著为正，这表明上市公司实施员工持股计划并没有显著增加公司价值，这与陈运佳等（2020）的研究结论是一致的。具体地，从净资产收益率（ROE）和营业收入增长率（SGR）这两个度量指标来看，上市公司实施员工持股计划后反而带来了公司价值的显著下降。实施员工持股计划后，仅有以反映公司市场预期托宾Q（TQ）衡量的公司价值会出现增加，但是在统计结果上并不显著。根据本书第三章和第四章的研究结果来看，上市公司的内部大股东（包括控股股东）实施员工持股计划在很大程度上并不是真正地想要激励员工和提升公司价值，而仅仅是为了实现自身的私人目的。所以，实施员工持股计划确实很难提升公司价值和股票长期持有收益。反之，根据表5-5的回归结果我们也可以从公司价值的角度得出：上市公司很大概率不是出于激励动机而实施员工持股计划的。根据表5-5的列（5）至列（8）可知，从倾向得分匹配PSM样本的回归结果来看，核心解释变量（ESOP）前面的系数也都不显著为正，表明本章对总资产收益率（ROA）、净资产收益率（ROE）、托宾Q（TQ）和营业收入增长率（SGR）四个度量公司价值的指标所得的结果基本一致，即上市公司实施员工持股计划对公司价值的没有显著的正向影响，同样意味着本章的假设H1b得到了验证。

从控制变量来看，大部分变量的回归系数与以往研究是一致的。总体来说，上市公司的规模和杠杆率对公司的价值有显著的影响。公司规模（SIZE）对总资产收益率（ROA）、净资产收益率（ROE）和营业收入增长率（SGR）都有显著的正向影响，意味着我国上市公司总体上存在规模效应。但是，托宾Q（TQ）作为公司价值的衡量指标，包含了投资者对公司未来增长的预期和公司增长的潜力，公司规模（SIZE）对其回归所得系数为负，说明公司规模越大，未来的增长潜力越小，这是符合经济学直觉的。公司杠杆率（LEV）对总资产收益率（ROA）和净资产收益率（ROE）都有显著的负向影响，表明上市公司负债率越高，公司的业绩越差。产生上述结果的可能原因是上市公司杠杆率越高，需要支付的利息越多，从而降低了公司的净利润。这与Ciftci等（2019）的研究结果完全一致。当利用托宾Q（TQ）作为公司价值的衡量指标时，公司杠杆率（LEV）前面的系数为正，说明通过负债快速发展的公司，其增长潜力较大。

三 稳健性检验

(一) 员工持股计划对长期异常收益影响的稳健性检验

关于如何衡量股票长期异常收益存在一定的争论。目前主要有两种方法：事件日期投资组合收益法和日历时间组合收益法。在本节的前面部分，已经使用事件日期投资组合收益法分析了实施员工持股计划对长期异常收益的影响。但这种方法在计算长期异常收益时，对同一家公司可能存在时间重叠的问题；同时，员工持股计划公告及实施时间有可能包含公司的"择时"问题，因此，本节再通过计算日历时间投资组合收益（Calendar – Time Portfolio Returns）来计算长期异常收益，进而进行稳健性检验。参照 Fama（1998）和 Li 等（2018）的日历时间组合收益研究法，从员工持股计划获取股票完成日后的一个月开始，分别构建流通市值加权和总市值加权的投资组合。构建日历时间组合的具体方法如下：依据上市公司员工持股计划获取股票完成日和锁定期结束日，通过排除锁定期结束的样本股票和加入正式实施员工持股计划的样本，每个月调整一次投资组合中的样本股票；然后得到一个时间序列上的样本投资组合。最后，利用模型（5-5）进行时间序列回归，回归所得的截距项估计值就为该投资组合的异常收益。

$$R_{p,t} - R_{f,t} = \alpha + \beta_1 MKT_t + \beta_2 SMB_t + \beta_3 HML_t + e_t \quad (5-5)$$

式中，$R_{p,t} - R_{f,t}$ 为实施员工持股计划公司的月度超额收益，MKT_t 为月度市场风险溢价因子，SMB_t 为市值因子，HML_t 为账面市值比因子。根据模型 5-5 的设定，表 5-6 的列（1）至列（4）报告了实施员工持股计划的处理组公司以及对照组公司的日历时间投资组合异常收益的回归结果。表 5-6 的列（5）和列（6）报告了买入实施了员工持股计划且做空了相同价值的对照组公司的日历时间投资组合异常收益的回归结果。因为本回归分析主要关注的是实施员工持股计划是否能够带来超额异常收益,所以,我们重点考察的对象为常数项(也叫阿尔法值)。

表5-6 实施员工持股计划的日历时间投资组合异常收益回归结果

Panel A:利用公司流通市值加权的投资组合

变量	(1) ESOPs 样本组合 考虑红利	(2) ESOPs 样本组合 不考虑红利	(3) 非ESOPs 样本组合 考虑红利	(4) 非ESOPs 样本组合 不考虑红利	(5) 买入ESOPs且卖出非ESOPs 考虑红利	(6) 买入ESOPs且卖出非ESOPs 不考虑红利
MKT	0.873*** (20.78)	0.871*** (20.88)	0.995*** (12.61)	0.994*** (12.61)	-0.121 (-1.18)	-0.123 (-1.20)
SMB	-0.017 (-0.16)	-0.017 (-0.16)	0.086 (0.45)	0.088 (0.45)	-0.103 (-0.41)	-0.105 (-0.42)
HML	-0.736*** (-4.94)	-0.738*** (-5.00)	-0.557* (-1.99)	-0.556* (-1.99)	-0.179 (-0.49)	-0.183 (-0.50)
Constant	0.010*** (3.02)	0.011*** (3.10)	0.017** (2.60)	0.017** (2.60)	-0.006 (-0.76)	-0.006 (-0.74)
样本量	39	39	39	39	39	39
R^2	0.951	0.951	0.867	0.867	0.043	0.045

Panel B:利用公司总市值加权的投资组合

变量	(1) ESOPs 样本组合 考虑红利	(2) ESOPs 样本组合 不考虑红利	(3) 非ESOPs 样本组合 考虑红利	(4) 非ESOPs 样本组合 不考虑红利	(5) 买入ESOPs且卖出非ESOPs 考虑红利	(6) 买入ESOPs且卖出非ESOPs 不考虑红利
MKT	0.871*** (19.15)	0.870*** (19.22)	0.990*** (12.66)	0.990*** (12.66)	-0.119 (-1.17)	-0.121 (-1.18)

续表

Panel B：利用公司总市值加权的投资组合

变量	(1)	(2)	(3)	(4)	(5)	(6)
	ESOPs 样本组合		非 ESOPs 样本组合		买入 ESOPs 且卖出非 ESOPs	
	考虑红利	不考虑红利	考虑红利	不考虑红利	考虑红利	不考虑红利
SMB	0.028 (0.23)	0.027 (0.22)	0.086 (0.40)	0.088 (0.41)	-0.058 (-0.21)	-0.061 (-0.22)
HML	-0.661*** (-3.71)	-0.666*** (-3.76)	-0.550* (-1.79)	-0.548* (-1.79)	-0.112 (-0.28)	-0.118 (-0.29)
Constant	0.011*** (3.04)	0.012*** (3.11)	0.018*** (2.83)	0.018*** (2.85)	-0.007 (-0.82)	-0.007 (-0.80)
样本量	39	39	39	39	39	39
R^2	0.945	0.946	0.875	0.875	0.040	0.041

注：括号中为 t 检验值；***、**、* 分别表示估计结果在1％、5％、10％的水平下显著。

从表5-6的Panel A列（1）和列（2）可知，ESOPs样本组合的常数项（阿尔法值）在1％的显著性水平下为正，这表明：在员工持股计划实施日下一个月开始将股票纳入日历时间的投资组合，然后直至解锁日下一个月将其剔除，通过这种策略构建的日历时间资产组合可以获得大约1％的显著异常收益。但是，通过表5-6的Panel A列（3）和列（4）可知，与实验组相对应的对照组公司同样可以在5％的显著性水平下获得大约1.7％的异常收益。这在很大程度上表明，表5-6的Panel A列（1）和列（2）中所得出的异常收益是由于其他一些不能被FF3因素模型解释的因素带来的，不是因为利用员工持股计划构建日历时间投资组合所产生的，即实施员工持股计划并不能为公司带来长期的超额回报。通过表5-6的Panel A的列

(5) 和列 (6) 可知，通过买入实施 ESOPs 公司的股票，再卖出与之对应的没有实施 ESOPs 公司的股票不能获得任何超额收益，这就证明了实施员工持股计划不能为包括员工在内的股东带来长期超额收益，这与本节第二部分的研究结论是一致的。同时，由表 5-6 可知，这一结论对于是否考虑现金红利再投资以及公司流通市值加权或者公司总市值加权的投资组合都是成立的，这也表明本章的实证结果稳健性比较好。

(二) 员工持股计划对公司价值影响的稳健性检验

在实证过程中，本节已经使用了倾向性匹配得分 (PSM) 的分析方法处理了因为样本公司自身特征导致的"样本自选择"问题。为了进一步处理一些不可观测因素对实证结果的干扰，本章进一步采用 DID 法排除内生性的干扰。即本节将使用 PSM - DID 的方法分析员工持股计划的实施对公司价值的影响作为稳健性检验，具体的检验结果见表 5-7。其中，-1 表示实施员工持股计划前一年，同理，0、1、2、3 分别表示实施员工持股计划的当年、后一年、后两年和后三年。Δ 则表示各个衡量公司价值指标变量在实施员工持股计划前后的差值，也就是第一重差分。表 5-7 中的列 (3) 为对照组公司相应指标在实施员工持股计划前后变动值的均值 (注：本章前面进行倾向性匹配时就为每个对照组公司匹配了一个与之对应的实验组公司的实施日期)；列 (4) 为实验组公司相应指标在实施员工持股计划前后变动值的均值；列 (5) 为对照组公司相应指标变动值减去实验组公司相应指标的变动值，即为双重差分的结果。

由表 5-7 的 Panel A 列 (4) 可知，对于实验组公司 (ESOPs 样本)，实施员工持股计划后公司绩效反而出现了下降，从统计学意义上看，在 1% 的显著性水平下是显著成立的。而从经济学意义上看，根据描述性统计分析可知，总样本的资产收益率 (*ROA*) 为 0.037，这意味着员工持股计划实施一年以后，上市公司的总资产收益率（ROA）相对于整个样本观测值的总资产收益率（ROA）下降了30%左右；实施员工持股计划两年后下降程度达到了60%。但是，从表5-7的Panel A列（3）可知，在实验组公司实施员工持股计划后的相应期间，对照组公司（非ESOPs样本）总资产收益率（ROA）同样出现了显著的降低，最后由表5-7的Panel A列（5）可知，实验组公司与对照组公司在实施员工持股计划前后的差值并没有显著的差异。

表5-7 实施员工持股计划对公司价值影响的PSM-DID分析结果

	样本量	非ESOPs样本	ESOPs样本	Dif-in-Dif（ATT）
Panel A：总资产收益率指标				
$\Delta ROA[-1,0]$	1056	-0.004 (-1.37)	-0.0031 (-1.43)	-0.0008 (-0.23)
$\Delta ROA[-1,1]$	908	-0.0070* (-1.76)	-0.0113*** (-3.35)	0.0043 (0.84)
$\Delta ROA[-1,2]$	686	-0.0073 (-1.57)	-0.0263*** (-5.62)	0.0190*** (2.85)
$\Delta ROA[-1,3]$	364	-0.0360*** (-4.84)	-0.0394*** (-5.73)	0.0034 -0.34
Panel B：净资产收益率指标				
$\Delta ROE[-1,0]$	1056	-0.0311*** (-5.72)	-0.0300*** (-7.20)	-0.0011 (-0.16)
$\Delta ROE[-1,1]$	906	-0.0063 (-0.79)	-0.0126* (-1.74)	0.0062 (0.58)
$\Delta ROE[-1,2]$	678	-0.0037 (-0.40)	-0.0410*** (-4.15)	0.0372*** (2.72)
$\Delta ROE[-1,3]$	364	-0.0641*** (-4.00)	-0.0722*** (-4.70)	0.0081 (0.37)

续表

	样本量	非 ESOPs 样本	ESOPs 样本	Dif-in-Dif (ATT)
Panel C：托宾 Q 指标				
$\Delta TQ[-1,0]$	1056	-2.5374 *** (-35.74)	-2.4906 *** (-39.49)	-0.0467 (-0.49)
$\Delta TQ[-1,1]$	878	-0.3476 *** (-4.71)	-0.5108 *** (-7.42)	0.1633 (1.61)
$\Delta TQ[-1,2]$	680	-0.7415 *** (-7.73)	-0.8685 *** (-9.32)	0.127 (0.94)
$\Delta TQ[-1,3]$	364	-0.8959 *** (-9.18)	-0.7304 *** (-9.83)	-0.1655 (-1.37)
Panel D：营业收入增长率指标				
$\Delta SGR[-1,0]$	1056	-0.1981 *** (-6.94)	-0.2232 *** (-10.71)	0.0251 (0.73)
$\Delta SGR[-1,1]$	908	0.0623 (1.53)	-0.0054 (-0.19)	0.0677 (1.39)
$\Delta SGR[-1,2]$	686	-0.0139 (-0.30)	-0.0467 (-1.26)	0.0329 (0.56)
$\Delta SGR[-1,3]$	364	-0.1279 * (-1.92)	-0.1251 *** (-2.88)	-0.0029 (-0.04)

注：括号中为 t 检验值；***、**、* 分别表示估计结果在 1%、5%、10% 的水平下显著。

从表 5-7 的 Panel A 可知，从纵向的时间维度来看，我国上市公司资产收益率从 2013 年开始下降幅度逐渐增加，这代表着我国整体经济在样本期间是向下走的。产生这个结果的可能原因是 2008 年金融危机后，我国很多上市公司出现了过度投资现象，导致产能过剩，投资收益率开始下降（中国人民银行营业管理部课题组，2017）。从对照组公司与实验组公司员工持股计划实施前后的差值来看，该差值由最初的负值转为正值，表明实验组公司资产收益率（ROA）下降得相对更快。这可能是因为上市公司的内部大股东（包括控股股东）实施员工持股计划的出发点在很大程度上并不是激励员工和提升公司价值，而仅仅是在短时间内维持公司股价。同时，我国员工持股计划一般就1年或者3年的锁定期，且没有业绩要求，持股计划短期激励了员工后，随着员工持股解锁卖出公司股票或者员工发现自己所买股票出现了"套利"后，就不再具有激励效果甚至还可能会出现不利的效果。表5-7的Panel B与Panel A的结果基本一致，我们同样可以发现实施员工持股计划对公司长期绩效没有显著的影响。

从表5-7的Panel C和Panel D的列（4）可知，员工持股计划实施后，以托宾Q（TQ）和营业收入增长率（SGR）衡量的公司价值都出现了降低。特别是对于托宾Q（TQ）这一指标来说，处理组公司和对照组公司在实施员工持股计划后当年乃至三年后都在1%的显著性水平下出现降低。主要的原因可能是我国员工持股计划从2014年开始推行，实施主要是从2015年开始，然而我国股票市场在2014年开始迅速上涨，到2015年6月出现"崩盘式"下跌，最终可能导致了变量$\Delta TQ[-1, 0]$的巨幅下跌。不过从表5-7的Panel C的列（3）可知，对照组公司也相应地出现了同等程度的降低。因此，从表5-7的Panel C的列（5）可知，最终表现为处理组公司和对照组公司在实施员工持股计划前后的差异（DID）不显著。总之，表5-7的稳健性检验结果表明：实验组公司在持股计划实施后所表现出的价值降低主要来源于一些宏观因素，通过双重差分（DID）结果说明实施员工持股计划并不能显著地提升公司价值，这与表5-5的结论是一致的。

第四节 进一步研究

本章的主要目的是研究公司实施员工持股计划对公司价值的影响。但是为了更为清晰地认识这一问题，本节将借鉴谢德仁等（2016）的研究设计方法，通过分析员工持股计划对企业全要素生产率以及公司投资效率的影响，进一步探寻实施员工持股计划对公司价值影响的可能渠道。

一 员工持股计划与全要素生产率

为了估计员工持股计划对公司生产效率的影响，本节将基准回归模型（5-1）中的被解释变量 Y 替换为全要素生产率代理变量 TFP_lp 或 TFP_acf。借鉴孔东民等（2015）以及 Sesil 和 Lin（2011）的研究，本节选取的控制变量包括：总资产对数（$SIZE$）、密集度（$CAPI$）、盈余质量（EQD）、总负债与总资产之比（LEV）、资本投资份额（IA）、销售增长率（SGR）、总资产收益率（ROA）、融资约束指数（FC）、董事长与总经理是否兼任（$DUAL$）。其中，主要控制变量的计算方式如下：资本密集度（$CAPI$）用固定资产与雇员数之比表示，投资份额（IA）用公司投资与总资产之比表示，盈余质量（EQD）用该公司该年度非操作性应计利润是否大于该行业该年度所有公司的中位数定义，融资约束指数（FC）用 Hadlock 和 Pierce（2010）提出的 SA 指数测度，该指数的计算公式是：$SA = -0.737 \times$ 企业规模 $+ 0.043 \times$ 企业规模$^2 - 0.04 \times$ 企业上市年限，由上述公式计算出的 SA 指数值通常为负，且绝对值越大表示公司面临的融资约束越严重。此外，为了减少公司自身特征带来的内生性问题，本节同时使用全样本和倾向性匹配后的样本进行回归，结果见表 5-8。

根据表5-8的列（1）和列（2）可知，控制住其他因素的影响后，核心解释变量员工持股计划实施哑变量（ESOP）前面的系数为正，但是两个回归结果前面的系数均不显著，这表明实施员工持股计划并不能够显著地提升上市公司的全要素生产率。从表5-8的列（5）和列（6）可知，利用倾向得分匹配（PSM）样本进行回归后所得变量（ESOP）前面的系数依然不显著，这表明在一定程度上控制回归内生性问题后，同样得出：上市公司实施员工持股计划并不能显著提升其全要素生产率。从表5-8的列（3）和列（4）以及列（7）和列（8）可知，在更换衡量全要素生产率的指标后，上述结论依然基本上是成立的。从控制变量来看，上市公司的规模（SIZE）、杠杆率（LEV）、总资产收益率（ROA）以及销售增长率（SGR）与其全要素生产率表现出显著正向关系；而资本密集度（CAPI）和投资份额（IA）不利于上市公司全要素生产率的提升。本节通过对全要素生产率这一个与公司价值密切相关的渠道的分析可以得出：我国上市公司实施员工持股计划后没有能够显著提升公司的生产效率，这可能是员工持股计划不能提升公司价值的原因之一。即如果上市公司不能通过实施ESOPs真正地激励员工，因而不能提升公司的生产效率，这对于提升公司价值无疑是不利的。

表5-8 员工持股计划对公司价值影响的渠道分析（全要素生产率）

变量	（1）	（2）	（3）	（4）	（5）	（6）	（7）	（8）
	全样本				PSM样本			
	TFP_lp	*TFP_acf*	*TFP_gmm*	*TFP_op*	*TFP_lp*	*TFP_acf*	*TFP_gmm*	*TFP_op*
ESOP	0.027 (0.86)	0.057 (1.62)	0.075 (1.39)	0.040 (1.21)	0.027 (0.75)	0.050 (1.24)	0.052 (1.22)	0.039 (1.03)
SIZE	0.496*** (8.43)	0.157** (2.34)	-0.028 (-0.38)	0.345*** (5.64)	0.528*** (5.19)	0.238** (2.05)	0.073 (0.59)	0.400*** (3.75)

续表

变量	(1)	(2)	(3)	(4)	(5)	(6)	(7)	(8)
	全样本				PSM样本			
	TFP_lp	*TFP_acf*	*TFP_gmm*	*TFP_op*	*TFP_lp*	*TFP_acf*	*TFP_gmm*	*TFP_op*
LEV	0.731***	0.601***	0.680***	0.647***	0.993***	0.859***	0.907***	0.913***
	(10.33)	(7.96)	(8.33)	(9.08)	(8.79)	(7.11)	(6.92)	(8.03)
SGR	0.107***	0.145***	0.172***	0.123***	0.106***	0.146***	0.177***	0.121***
	(8.66)	(10.57)	(11.61)	(9.64)	(4.38)	(5.39)	(6.23)	(4.83)
CAPI	-0.185***	0.091***	-0.235***	0.021	-0.246***	0.185***	-0.347***	0.079*
	(-10.33)	(4.74)	(-10.90)	(1.20)	(-5.83)	(4.13)	(-6.86)	(1.90)
IA	-1.521***	-2.485***	-3.497***	-1.855***	-1.605***	-2.827***	-3.826***	-2.080***
	(-7.39)	(-11.03)	(-14.59)	(-8.81)	(-5.21)	(-7.94)	(-9.70)	(-6.47)
ROA	2.424***	2.165***	2.535***	2.215***	2.577***	2.184***	2.441***	2.319***
	(14.06)	(12.05)	(12.99)	(12.93)	(9.19)	(7.33)	(7.66)	(8.20)
EQD	-0.029**	-0.005	0.012	-0.019	-0.046**	-0.017	-0.009	-0.032
	(-2.33)	(-0.36)	(0.86)	(-1.51)	(-2.33)	(-0.78)	(-0.39)	(-1.59)
FC	0.075	0.054	0.118**	0.054	0.059	-0.009	0.046	0.013
	(1.59)	(1.00)	(1.99)	(1.10)	(0.72)	(-0.10)	(0.46)	(0.15)
DUAL	0.045**	0.013	-0.008	0.032	0.054*	0.036	0.017	0.047
	(2.24)	(0.58)	(-0.33)	(1.53)	(1.78)	(1.09)	(0.48)	(1.53)
Constant	2.842***	8.014***	6.361***	5.958***	2.134	6.359***	4.416*	4.779**
	(2.59)	(6.40)	(4.67)	(5.23)	(1.13)	(2.94)	(1.90)	(2.41)
Year	已控制	已控制	已控制	已控制	已控制	已控制	已控制	已控制
Industry	已控制	已控制	已控制	已控制	已控制	已控制	已控制	已控制
样本量	16883	16883	16883	16883	6130	6130	6130	6130
R^2	0.544	0.315	0.341	0.431	0.559	0.337	0.359	0.451

注：圆括号中为t检验值；***、**、*分别表示估计结果在1%、5%、10%的水平下显著。

二 员工持股计划与公司过度投资

同样地,为了估计员工持股计划对公司过度投资行为的影响,本节将基准回归模型中的被解释变量 Y 替换为过度投资代理变量 OVER_ zb。借鉴现有研究(蔡宁和何星,2015;江轩宇和许年行,2015;Richardson,2006),本节选取以下变量作为控制变量:两职合一(DUAL)、总资产收益率(ROA)、自由现金流(FCF)、公司规模(SIZE)、投资机会(TQ)、股权性质(SOE)、财务杠杆(LEV)、股权集中度(BIGR)。其中,自由现金流(FCF)等于经营活动产生的现金流量净额除以年初总资产减去 Richardson(2006)方法估计的预期投资水平。此外,为了降低公司自身特征带来的内生性问题,本节同时使用全样本和倾向得分匹配后的样本进行回归,结果见表5-9。

根据表5-9的列(1)和列(2)的回归结果可知,控制住其他因素的影响后,员工持股计划哑变量(ESOPs)前面的系数为正,这表明上市公司实施员工持股计划后会显著提升其过度投资的行为。当被解释变量为过度投资指标(OVER_ zb1)时,员工持股计划哑变量(ESOPs)前面的系数为0.007,并且在5%的水平下显著。这就意味着:与没有实施员工持股计划的公司相比,实施员工持股计划的公司的过度投资行为平均而言要高0.007。同理,当被解释变量为过度投资指标(OVER_ zb2)时,员工持股计划哑变量(ESOPs)前面的系数为0.015,并且在1%的水平下显著。这就意味着:与没有实施员工持股计划的公司相比,实施员工持股计划的公司的过度投资行为平均而言要高0.015。从表5-9的列(3)和列(4)可知,利用倾向得分匹配(PSM)样本进行回归后所得的系数依然为正,尽管无论是从统计上还是从经济学上看,实施员工持股对过度投资行为的影响都变小了,但是我们依然可以得出:上市公司实施员工持股计划后会恶化其投资效率。经过上述分析可以发现：上市公司实施员工持股计划后带来的过度投资行为可能是其不能提升公司价值的原因之一。即上市公司实施员工持股计划降低了公司投资效率，从而不利于公司价值的提升。

从控制变量来看，自由现金流（FCF）前面的系数显著为正，这说明我国上市公司存在 Jensen（1986）提出的"自由现金流假说"现象。从表 5-9 还可以看出，公司规模（SIZE）和杠杆率（LEV）前面的系数显著为正，这说明公司规模越大，公司杠杆率越高，上市公司过度投资行为表现得越严重。董事长和 CEO 的两职合一（DUAL）以及股权集中度（BIGR）前面的系数显著为负，这意味着公司董事长和 CEO 两职合一能够抑制上市公司过度投资行为；同时，上市公司股权集中可以产生"利益趋同"效应，有利于形成对公司经理层的监督，从而可以在一定程度上抑制经理层的过度投资行为。

表5-9　员工持股计划对公司价值影响的渠道分析（过度投资）

变量	(1) 全样本 OVER_zb1	(2) 全样本 OVER_zb2	(3) PSM样本 OVER_zb1	(4) PSM样本 OVER_zb2
ESOP	0.007** (2.44)	0.015*** (2.79)	0.004* (1.84)	0.007 (1.14)
FCF	0.178*** (12.75)	0.209*** (14.97)	0.198*** (7.95)	0.223*** (8.95)
SOE	-0.022*** (-10.74)	-0.020*** (-10.44)	-0.026*** (-5.81)	-0.024*** (-6.06)
SIZE	0.005*** (4.73)	0.005*** (4.97)	0.005*** (2.61)	0.005*** (2.63)
TQ	-0.006*** (-8.70)	-0.007*** (-10.79)	-0.008*** (-6.16)	-0.008*** (-6.90)

续表

变量	(1)	(2)	(3)	(4)
	全样本		PSM 样本	
	OVER_zb1	OVER_zb2	OVER_zb1	OVER_zb2
ROA	0.045*** (3.02)	0.059*** (4.27)	0.052* (1.91)	0.073*** (2.89)
LEV	0.027*** (4.72)	0.030*** (5.67)	0.031*** (2.75)	0.045*** (4.24)
DUAL	-0.007*** (-3.07)	-0.006*** (-3.10)	-0.011*** (-3.14)	-0.013*** (-3.60)
BIGR	-0.043*** (-7.27)	-0.028*** (-4.85)	-0.041*** (-3.53)	-0.030*** (-2.62)
Constant	-0.069*** (-3.28)	-0.072*** (-3.51)	-0.074* (-1.70)	-0.075* (-1.74)
Year	已控制	已控制	已控制	已控制
Industry	已控制	已控制	已控制	已控制
样本量	16419	16419	5177	5177
R^2	0.050	0.068	0.057	0.072

注：圆括号中为 t 检验值；***、**、* 分别表示估计结果在1%、5%、10%的水平下显著。

第五节 本章小结

众所周知，上市公司实施员工持股计划是为了凝聚员工，让他们对公司有归属感，从而更加努力地工作，为公司创造更大价值。本章选择2012—2018年沪深证券交易所的 A 股上市公司为原始样本研究了实施员工持股计划是否能够有效地提升公司价值，同时分析了实施员工持股计划对公司价值影响的可能渠道。研究结果表明，上市公司实施员工持股计划并不能为公司创造价值，这也从侧面说明上市公司实施 ESOPs 可能是出于非激励动机。进一步研究发现，员工持股计划获得的资金可能被用于过度投资，从而可能对公司价值造成不利影响；同时，员工持股计划也没能促进企业全要素生产率的提升，也就很难促进公司价值的提升。本章为上市公司出于非激励动机实施员工持股计划，从而很难为公司创造价值提供了新证据。

本章具体的研究结果包括：第一，ESOPs 组公司与非 ESOPs 公司的买入并持有长期异常收益并不具有显著的差异。利用实施员工持股计划日期构建日历时间投资组合后，同样证实了上市公司实施员工持股计划不能显著为包括员工在内的股东带来长期超额收益。第二，上市公司实施员工持股计划并不能显著提升公司价值。使用 PSM – DID 方法处理内生性问题后，同样可以发现实施员工持股计划对公司长期绩效和公司价值没有显著的提升效果。第三，为了更为清晰地认识公司实施员工持股计划对公司价值的影响，本章进一步分析员工持股计划对公司生产效率以及公司投资效率的影响。研究发现：上市公司实施员工持股计划并不能显著提升其生产效率，也就很难实现公司价值增加的目的；同时，上市公司实施员工持股计划后会恶化其投资效率，进而对公司价值和业绩产生不利影响。

从理论上说，员工持股计划的实施通过激励员工可以对公司价值和绩效产生积极的影响。但是本章的实证结果发现：我国上市公司实施员工持股计划并不能对公司价值产生积极影响。这意味着我国的员工持股计划没有达到预期的目的，不利于员工持股计划的持续发展；同时，这也为本书前面章节中有关 ESOPs 的非激励动机提供了辅助证据。总体来说，本章节的研究结果为员工持股计划的实施后果提供了有力的证据，能够为员工持股计划未来的发展提供一些有益指导，具有较强的现实意义。

第六章 总结与展望

第一节 主要结论

近年来,随着员工持股计划被国家倡导用于国企混合所有制改革,不温不火了很多年的员工持股计划再次成为人们关注的焦点。本书主要使用2014—2018年相关数据系统地研究了我国上市公司实施员工持股计划的动机和经济后果。主要逻辑为:以第二类委托代理为视角,本书第三章和第四章的实证研究发现了上市公司实施员工持股计划背后的利益侵占动机。基于这种非激励动机下实施的员工持股计划,本书第五章进一步分析了 ESOPs 对公司业绩和价值的影响,研究得出:我国上市公司实施的 ESOPs 不能为公司创造价值。总体来说,本书的研究结论丰富了我们对员工持股计划的认识和了解。主要的研究结论包括以下内容。

首先,通过分析上市公司控股股东股权质押与员工持股计划推出之间的关系发现:控股股东将员工持股计划视为上市公司市值管理的重要手段,为了降低其控制权转移风险,存在控股股东股权质押的上市公司更倾向于在股权质押期间宣布实施员工持股计划来拉抬股价;但是,上市公司的内部股东股权制衡和公司外部治理都能够在一定程度上抑制控股股东利用员工持股计划来侵占公司利益。从控股股东的股权质押规模来看，其股权质押比例越高，推出员工持股计划的概率则越大；从股东股权性质来看，控股股东股权质押与员工持股计划之间的正向显著关系主要存在于非国有企业。此外，本书发现公司实施员工持股计划这一市值管理手段确实能够降低公司当期股价崩盘风险，从而暂时缓解存在股权质押股东的控制权转移风险。

其次，利用上市公司员工持股计划公告数据以及大股东减持股票数据考察了这二者之间的关系，本书发现：在上市公司员工持股计划公告之后大股东减持股票规模显著变大；且当普通员工认购比例高以及实施股票来源为公开市场时，员工持股计划实施与大股东减持股票规模之间的正向关系才显著。这意味着上市公司实施员工持股计划时表面上宣称是基于公司长期战略发展目标考虑，但上市公司存在利用员工持股计划来帮助公司大股东减持股票套利的动机。本书还发现，当公司大股东利用利好消息进行股票减持时，不仅存在"择时"现象，而且在交易规模上也存在相应的策略安排。披露员工持股计划的实施程度越大，市场能够承受的减持股票规模也越大，大股东越倾向于更大规模地减持股票。

最后，本书研究了上市公司实施ESOPs对公司价值的影响及可能的影响渠道。研究结果表明，上市公司实施ESOPs不能显著提升公司的长期业绩和公司价值，这也从侧面说明上市公司实施ESOPs可能是出于非激励动机。进一步研究发现，员工持股计划的实施会恶化公司过度投资行为，而且员工持股计划没能真正地激励员工，也就不能促进企业生产效率的提升。这些原因都会造成ESOPs很难对公司价值产生显著的正向影响。

员工持股计划的实施让员工能够在将来获得部分公司股权；通过这种利益捆绑的方式，能够起到激励员工的作用。同时，员工能够以所有者的身份监督管理层,可以减少管理者和股东之间的代理问题;而且员工在日常行为中相互监督,也可以确保各种决策得到有效的实施。理论上,上市公司实施员工持股计划通过提高员工的积极性可以提升公司的生产效率,有利于公司长期的业绩发展,也可以提高公司的内在价值和股价。但是根据本书的研究结果,员工持股计划并不能够为公司创造价值,反而成为大股东侵占中小股东利益的一种手段。最终,仅有少数利益群体能从员工持股计划中受益。如果我国上市公司员工持股计划继续这样发展,员工参与意愿会大大降低,这个问题也是值得我们深入思考的。总之,本书为证明员工持股计划没能通过激励机制而有效地提高公司价值提供了新证据。

第二节　政策建议

员工持股计划(ESOPs)实施的初衷是通过员工持股激发其工作热情,让员工真正参与公司发展并共享公司成长的利益。但从目前情况来看,ESOPs已经变了味道,偏离了其初衷,成为内部大股东牟利的一种手段和工具;同时,员工持股计划也不能显著提升公司的长期绩效和价值。基于本书的上述研究结论,本章提出以下政策建议。

第一,对于控股股东股权质押比例偏高的上市公司,在推行员工持股计划时,应该进行相对更为严格的审查和监管,防止公司控股股东基于自利动机推行员工持股计划。根据本书第三章结论可知,股权质押越严重的公司越可能实施员工持股计划,使其成为控股股东用来维持股价的一种市值管理工具。这意味着上市公司并不是基于公司长期战略发展目标考虑而实施员工持股计划。因此,相关监管部门在审批上市公司员工持股计划时可以进一步考虑公司控股股东质押情况等背景。此外,需要进一步完善公司的内部治理和外部治理,比如:引入外部机构投资者对公司内部控股大股东进行约束，规范公司内部人的信息披露制度，可以降低上市公司控制权获利空间。

第二，上市公司推行员工持股计划时可以考虑高管与普通员工同时认购；同时，需要完善员工持股计划信息披露制度，通过增强信息透明度来防范大股东的自利行为。根据第四章ESOPs与大股东减持股票关系的研究结果，公司管理层认购比例提高可以抑制大股东利用员工持股计划进行减持股票的利益侵占行为；所以，当公司推行员工持股计划时，员工可以要求管理层与普通员工都保持一定的认购份额。同时，提高员工持股计划的透明性，可以降低大股东与高管的"合谋"行为，进而抑制大股东利用员工持股计划侵占员工和中小股东的利益。此外，监管部门还需要加强对大股东减持股票的预披露管理，并加大对违规减持的处罚力度，完善资本市场建设以保护中小投资者利益。

第三，监管部门需要完善ESOPs实施的相关制度设计，从而保障其能够真正地激励员工，并能够促进上市公司的长远发展。比如，当前我国员工持股计划的锁定期通常为1年或者3年，缺乏长期性，难以持续地激励员工。反观以美国为首的西方国家通过建立员工持股会与企业补充养老金计划（年金计划）结合起来的ESOPs几乎是终身制的，这可能是我国员工持股计划以后可以借鉴的一种方式。此外，根据本书研究结论，我国上市公司实施的员工持股计划与监管层的最初目的出现了背离，没能完全达到激励员工和提升公司价值的目的，这也启发我国有关部门在引进和推广国外的一些制度安排时需要更为充分地结合我国的现实状况。

第四，上市公司需要科学设计员工持股平台，避免大股东直接或间接获取员工持股计划对应股份的表决权。当员工持股达到一定比例后，应该赋予员工推荐董事的权利，或者在董事会中设置员工代表，以保护员工的利益。目前，大部分推行员工持股计划的上市公司都通过公司管理层来代表员工，行使员工所持股票权利，这种方式不利于保护公司普通员工的利益。同时，我国还需要加快相关法律法规的制定，用以保护员工持股计划正式运行后员工的相应权利。目前，我国 ESOPs 虽然赋予员工一定的公司所有权和收益分享权，但还没有配套的法律法规对这些权益予以保护，使得员工利益受损时没有合法的途径进行申诉，这也是以后需要关注的一个方面。

第五，上市公司在实施员工持股计划时应该适当考虑公司业绩条件。目前大部分的员工持股计划都没有明确的业绩条件，员工持股最终获得的回报主要看二级市场的股票收益。梁栋桢（2013）和孔东民（2007）认为，我国上市公司二级市场股价并不能够完全反映公司真实业绩，这就可能导致员工努力工作提升公司业绩后，其报酬反而下降的尴尬局面。所以，上市公司以后在设计员工持股计划时可以更多地考虑公司基本业绩情况。比如，当公司业绩达到一定程度后，公司控股股东可以考虑为员工持股计划"兜底"，这也可以在一定程度上抑制控大股东的利益侵占行为。

总之，对于我国目前的员工持股计划（ESOPs）来说，投资者需要更加用心地甄别，监管部门也应该进一步加强监管，让其发挥应有的长期激励作用，不要让其成为大股东侵占中小股东利益的工具。当然，也希望本书的政策建议能提升我国员工持股计划的有效性，促使上市公司出于真正的激励动机而实施 ESOPs，从而能够为公司创造价值，进一步带来我国创新能力的提升和经济质量的提高。

第三节 研究展望

本书虽然已经对员工持股计划与公司控股股东股权质押、大股东减持股票规模以及公司价值等之间的关系进行了较为全面的研究，但是由于数据样本以及研究时间等条件的限制，还有一些问题值得以后进一步深入研究。具体包括以下几个方面。

第一，本书主要分析了上市公司员工持股计划与公司股票市场参与主体之间的关系，但没有涉及公司债券市场。作为资本市场的重要组成部分，债券市场在上市公司实施员工持股计划后同样应该受到很大影响，因此，上市公司实施员工持股计划对债券市场的影响是值得研究的一个问题。例如，公司实施员工持股计划后引起管理层的过度自信，提高其风险承担水平，进而有可能影响到公司债券发行价格等。

第二，在今后的研究中，通过更加深入地分析员工持股计划实施失败的样本公司，我们可以进一步研究什么特征的公司更可能成功实施员工持股计划。比如：是不是那些社会责任更强的公司更能让员工持股计划发挥出真正激励员工的作用，从而能够更有效地提升公司价值，同时也就更容易推行员工持股计划？是不是那些受到过监管问询的公司更难实施员工持股计划？这些问题都有利于进一步对员工持股计划给出综合且客观的评价，都有利于我国员工持股计划的有效推行。

第三，本书虽然利用大样本数据对我国员工持股问题进行了较为全面的分析，但是从实践经验来看，对一些经典案例进行分析可能会对员工持股的有效实施带来更为有益的指导。因此，我们以后可以对一些经典案例进行详细研究，从而提出更多具有建设性的意见。比如：为什么华为的员工持股计划能够产生很好的激励效果？是不是对于一些新兴的行业，物质资本的重要性已经逐渐被人力资本代替了，公司的本质应该随之变化，从而对员工持股计划的效果产生影响？Zingales (2000) 就认为，当员工不仅能够操作有价值的实物资产，而且自身也变为了核心资产，这就会带来公司理论的变化，公司治理当然也应该随之变化。

参考文献

一 中文文献

蔡海静、汪祥耀、谭超:《高送转、财务业绩与大股东减持规模》,《会计研究》2017年第12期。

蔡宁、何星:《社会网络能够促进风险投资的"增值"作用吗?——基于风险投资网络与上市公司投资效率的研究》,《金融研究》2015年第12期。

曹玉珊、陈力维:《员工持股计划、人才专业性与企业有效创新》,《当代财经》2019年第5期。

陈效东、周嘉南、黄登仕:《高管人员股权激励与公司非效率投资:抑制或者加剧?》,《会计研究》2016年第7期。

陈运佳、吕长江、黄海杰等:《上市公司为什么选择员工持股计划?——基于市值管理的证据》,《会计研究》2020年第7期。

程新生、赵旸:《权威董事专业性、高管激励与创新活跃度研究》,《管理科学学报》2019年第3期。

崔之元:《美国二十九个州公司法变革的理论背景》,《经济研究》1996年第4期。

戴璐、宋迪:《高管股权激励合约业绩目标的强制设计对公司管理绩效的影响》,《中国工业经济》2018年第4期。

方竹兰:《人力资本所有者拥有企业所有权是一个趋势——兼与张维迎博士商榷》,《经济研究》1997年第6期。

付强、屈文秀、章伟果:《管理层股权激励与企业未来盈余定价——来自中国资本市场的证据》,《中国管理科学》2020年第1期。

韩玉玲:《分享经济的理念与员工持股计划》,《经济管理》2007年第5期。

郝永亮、金昕、张永冀:《"减持迷雾"下的员工持股计划——基于股权激励的对比分析》,《管理评论》2019年第10期。

洪剑峭、薛皓:《股权制衡如何影响经营性应计的可靠性——关联交易视角》,《管理世界》2009年第1期。

侯青川、靳庆鲁、苏玲等:《放松卖空管制与大股东"掏空"》,《经济学》(季刊)2017年第3期。

呼建光、毛志宏:《新时期员工持股计划:止步还是前行》,《南方经济》2016年第7期。

黄登仕、黄禹舜、周嘉南:《控股股东股权质押影响上市公司"高送转"吗?》,《管理科学学报》2018年第12期。

黄桂田、张悦:《国有公司员工持股绩效的实证分析——基于1302家公司的样本数据》,《经济科学》2009年第4期。

黄群慧、余菁、王欣等:《新时期中国员工持股制度研究》,《中国工业经济》2014年第7期。

黄速建、余菁:《企业员工持股的制度性质及其中国实践》,《经济管理》2015年第4期。

蒋运冰、苏亮瑜:《员工持股计划的股东财富效应研究——基于我国上市公司员工持股计划的合约要素视角》,《证券市场导报》2016年第11期。

江轩宇、许年行：《企业过度投资与股价崩盘风险》，《金融研究》2015年第8期。

剧锦文：《员工持股计划与国有企业的产权改革》，《管理世界》2000年第6期。

孔东民：《中国股市噪音成分及影响因素检验》，《南方经济》2007年第1期。

孔东民、王亚男、代昀昊：《为何企业上市降低了生产效率？——基于制度激励视角的研究》，《金融研究》2015年第7期。

赖黎、唐芸茜、夏晓兰：《董事高管责任保险降低了企业风险吗？——基于短贷长投和信贷获取的视角》，《管理世界》2019年第10期。

李常青、李宇坤、李茂良：《控股股东股权质押与企业创新投入》，《金融研究》2018年第7期。

李常青、幸伟：《控股股东股权质押与上市公司信息披露》，《统计研究》2017年第12期。

李琳、刘凤委、卢文彬：《基于公司业绩波动性的股权制衡治理效应研究》，《管理世界》2009年第5期。

李旎、郑国坚：《市值管理动机下的控股股东股权质押融资与利益侵占》，《会计研究》2015年第5期。

李维安、齐鲁骏、丁振松：《兼听则明，偏信则暗——基金网络对公司投资效率的信息效应》，《经济管理》2017年第10期。

廖红伟、杨良平：《国有企业改革中的员工持股制度分析——基于交易成本理论的视角》，《江汉论坛》2017年第9期。

廖珂、崔宸瑜、谢德仁：《控股股东股权质押与上市公司股利政策选择》，《金融研究》2018年第4期。

梁栋桢：《上市公司经营业绩与股市表现研究》，《经济问题》2013年第10期。

刘少波、马超:《经理人异质性与大股东掏空抑制》,《经济研究》2016第 4 期。

鲁桂华、张静、刘保良:《中国上市公司自愿性积极业绩预告:利公还是利私——基于大股东减持的经验证据》,《南开管理评论》2017 年第 2 期。

鲁晓东、连玉君:《中国工业企业全要素生产率估计:1999—2007》,《经济学》(季刊) 2012 年第 2 期。

逯东、黄丹、杨丹:《国有企业非实际控制人的董事会权力与并购效率》,《管理世界》2019 年第 6 期。

吕长江、张海平:《上市公司股权激励计划对股利分配政策的影响》,《管理世界》2012 年第 11 期。

孟庆斌、李昕宇、张鹏:《员工持股计划能够促进企业创新吗?——基于企业员工视角的经验证据》,《管理世界》2019 年第 11 期。

钱爱民、张晨宇:《股权质押与信息披露策略》,《会计研究》2018 年第 12 期。

沈红波、华凌昊、许基集:《国有企业实施员工持股计划的经营绩效:激励相容还是激励不足》,《管理世界》2018 年第 11 期。

沈红波、郦金梁、屠亦婷:《上市公司大小非减持影响因素的实证分析》,《中国工业经济》2011 年第 1 期。

沈华玉、吴晓晖、吴世农:《控股股东控制权与股价崩盘风险:"利益协同"还是"隧道"效应?》,《经济管理》2017 年第 4 期。

宋芳秀、柳林:《上市公司员工持股计划:实施动机、方案设计及其影响因素》,《改革》2018 年第 11 期。

宋岩、宋爽:《股权质押与市值管理:基于中国沪深股市 A 股上市公司的实证检验》,《中国管理科学》2019 年第 6 期。

苏冬蔚、林大庞:《股权激励、盈余管理与公司治理》,《经济研究》

2010 年第 11 期。

孙即、张望军、周易：《员工持股计划的实施动机及其效果研究》，《当代财经》2017 年第 9 期。

孙健、王百强、曹丰：《公司战略影响股价崩盘风险吗?》，《经济管理》2016 年第 12 期。

谭燕、吴静：《股权质押具有治理效用吗？——来自中国上市公司的经验证据》，《会计研究》2013 年第 2 期。

佟岩、陈莎莎：《生命周期视角下的股权制衡与企业价值》，《南开管理评论》2010 年第 1 期。

王斌、蔡安辉、冯洋：《大股东股权质押、控制权转移风险与公司业绩》，《系统工程理论与实践》2013 年第 7 期。

王晋斌：《为什么中国上市公司的内部职工持股计划不成功》，《金融研究》2005 年第 10 期。

王砾、代昀昊、孔东民：《激励相容：上市公司员工持股计划的公告效应》，《经济学动态》2017 年第 2 期。

王烨、盛明泉、孙慧倩：《大股东监督与员工持股计划的替代效应研究——基于 2014 年员工持股制度改革的经验数据》，《财贸研究》2019 年第 11 期。

吴悠悠：《散户、机构投资者宏微观情绪：互动关系与市场收益》，《会计研究》2017 年第 11 期。

吴育辉、吴世农：《股票减持过程中的大股东掏空行为研究》，《中国工业经济》2010 年第 5 期。

夏常源、贾凡胜：《控股股东股权质押与股价崩盘："实际伤害"还是"情绪宣泄"》，《南开管理评论》2019 年第 5 期。

谢德仁、崔宸瑜、廖珂：《上市公司"高送转"与内部人股票减持："谋定后动"还是"顺水推舟"?》，《金融研究》2016 年第 11 期。

谢德仁、郑登津、崔宸瑜：《控股股东股权质押是潜在的"地雷"吗？——基于股价崩盘风险视角的研究》，《管理世界》2016年第5期。

徐光华、陈万明、王怀明：《基于人力资本与投入资本博弈的企业剩余收益分配模式研究》，《管理世界》2006年第6期。

许婷、杨建君：《股权激励、高管创新动力与创新能力——企业文化的调节作用》，《经济管理》2017年第4期。

杨欢亮：《西方员工持股理论综述》，《经济学动态》2003年第7期。

杨欢亮：《美国对员工持股的政策支持及其启示》，《财政研究》2004年第5期。

杨瑞龙、周业安：《交易费用与企业所有权分配合约的选择》，《经济研究》1998年第9期。

杨瑞龙、周业安：《一个关于企业所有权安排的规范性分析框架及其理论含义——兼评张维迎、周其仁及崔之元的一些观点》，《经济研究》1997年第1期。

张小宁：《职工持股与企业效率》，《经济管理》2001年第5期。

张小宁：《分享制企业激励制度的比较——利润分成、员工持股、EVA、分配权等的比较分析》，《中国工业经济》2003年第10期。

张小宁：《经营者报酬、员工持股与上市公司绩效分析》，《世界经济》2002年第10期。

章卫东、罗国民、陶媛媛：《上市公司员工持股计划的股东财富效应研究——来自我国证券市场的经验数据》，《北京工商大学学报》（社会科学版）2016年第2期。

赵立新：《员工持股是构建现代企业制度的有效途径》，《经济学动态》2000年第4期。

曾庆生、周波、张程：《年报语调与内部人交易："表里如一"还是

"口是心非"?》,《管理世界》2018 年第 9 期。

郑国坚、林东杰、林斌:《大股东股权质押、占款与企业价值》,《管理科学学报》2014 年第 9 期。

中国人民银行营业管理部课题组、周学东、李宏瑾:《预算软约束、融资溢价与杠杆率——供给侧结构性改革的微观机理与经济效应研究》,《经济研究》2017 年第 10 期。

钟宁桦、唐逸舟、王姝晶:《散户投资者如何影响债券价格?——基于交易所同一只信用债的价格差分析》,《金融研究》2018 年第 1 期。

周冬华、黄佳、赵玉洁:《员工持股计划与企业创新》,《会计研究》2019 年第 3 期。

祝继高、陆正飞:《产权性质、股权再融资与资源配置效率》,《金融研究》2011 年第 1 期。

朱振鑫、栾稀:《国企员工持股发展方向》,《中国金融》2018 年第 5 期。

二 外文文献

Ackerberg D. A., Caves K., Frazer G., "Identification Properties of Recent Production Function Estimators", *Econometrica*, Vol. 83, No. 6, June 2015.

Ahrens C., Oehmichen J., Wolff M., "Expatriates as Influencers in Global Work Arrangements: Their Impact on Foreign – subsidiary Employees' ESOP Participation", *Journal of World Business*, Vol. 53, No. 4, April 2018.

Alchian A. A., Demsetz H., "Production, Information Costs, and Economic Organization", *The American Economic Review*, Vol. 62, No. 5, May 1972.

Ataullah A., Goergen M., Le H., "Insider Trading and Financing Constraints", *Financial Review*, Vol. 49, No. 4, April 2014.

Babenko I., Michael L., Tserlukevich Y., "Employee Stock Options and Investment", *The Journal of Finance*, Vol. 66, No. 3, June 2011.

Babenko I., Sen R., "Money Left on the Table: An Analysis of Participation in Employee Stock Purchase Plans", *Review of Financial Studies*, Vol. 27, No. 12, December 2014.

Beatty A., "The Cash Flow and Informational Effects of Employee Stock Ownership Plans", *Journal of Financial Economics*, Vol. 38, No. 2, February 1995.

Bena J., Li K., "Corporate Innovations and Mergers and Acquisitions", *The Journal of Finance*, Vol. 69, No. 5, October 2014.

Bennedsen M., Wolfenzon D., "The Balance of Power in Closely Held Corporations", *Journal of Financial and Economics*, Vol. 58, No. 1, January 2000.

Bertrand M., Mehta P., Mullainathan S., "Ferreting out Tunneling: An Application to Indian Business Groups", *The Quarterly Journal of Economics*, Vol. 117, No. 1, January 2002.

Blasi J., Conte M., Kruse D., "Employee Stock Ownership and Corporate Performance among Public Companies", *Industrial and Labor Relations Review*, Vol. 50, No. 1, January 1996.

Blasi J., Freeman R., Kruse D., "Do Broad-based Employee Ownership, Profit Sharing and Stock Options Help the Best Firms Do Even Better?" *British Journal of Industrial Relations*, Vol. 54, No. 1, January 2016.

Bova F., Dou Y., Hope O., "Employee Ownership and Firm Disclosure", *Contemporary Accounting Research*, Vol. 32, No. 2, February 2015a.

Bova F., Kolev K., Thomas J. K., "Non-Executive Employee Ownership and Corporate Risk", *The Accounting Review*, Vol. 90, No. 1, January 2015b.

Brandt L., Zhu X., "Accounting for China's Growth", Working Paper, February 2010.

Brickley J. A., Hevert K. T., "Direct Employee Stock Ownership: An Empirical Investigation", *Financial Management*, Vol. 20, No. 2, February 1991.

Brown S., Fakhfakh F., Sessions J. G., "Absenteeism and Employee Sharing: An Empirical Analysis Based on French Panel Data, 1981 – 1991", *Industrial and Labor Relations Review*, Vol. 52, No. 2, February 1999.

Buchko A. A., "The Effects of Employee Ownership on Employee Attitudes: An Integrated Causal Model and Path Analysis", *Journal of Management Studies*, Vol. 30, No. 4, April 1993.

Caramelli M., Carberry E. J., "Understanding Employee Preferences for Investing in Employer Stock: Evidence from France", *Human Resource Management Journal*, Vol. 24, No. 4, April 2014.

Chan K., Chen H., Hu S., Liu Y., "Share Pledges and Margin Call Pressure", *Journal of Corporate Finance*, Vol. 52, No. 8, August 2018.

Chang S., "Employee Stock Ownership Plans and Shareholder Wealth: An Empirical Investigation", *Financial Management*, Vol. 19, No. 1, January 1990.

Chang S., Mayers D., "Managerial Vote Ownership and Shareholder Wealth: Evidence from Employee Stock Ownership Plans", *Journal of Financial Economics*, Vol. 32, No. 1, January 1992.

Chang X. , Fu K. , Low A. , "Non-executive employee stock options and corporate innovation", *Journal of Financial Economics*, Vol. 115, No. 1, January 2015.

Chaplinsky S. , Niehaus G. , "The Role of ESOPs in Takeover Contests", *The Journal of Finance*, Vol. 29, No. 4, August 1994.

Chen J. , Hong H. , Stein J. C. , "Forecasting Crashes: Trading Volume, Past Returns, and Conditional Skewness in Stock Prices", *Journal of Financial Economics*, Vol. 61, No. 3, March 2001.

Cheng Q. , Lo K. , "Insider Trading and Voluntary Disclosures", *Journal of Accounting Research*, Vol. 44, No. 5, May 2006.

Cheung Y. , Rau P. R. , Stouraitis A. , "Tunneling, Propping, and Expropriation: Evidence from Connected Party Transactions in Hong Kong", *Journal of Financial Economics*, Vol. 82, No. 2, February 2006.

Ciftci I. , Tatoglu E. , Wood G. , "Corporate Governance and Firm Performance in Emerging Markets: Evidence from Turkey", *International Business Review*, Vol. 28, No. 1, January 2019.

Cin B. C. , Smith S. C. , "Employee Stock Ownership and Participation in South Korea: Incidence, Productivity Effects, and Prospects", *Review of Development Economics*, Vol. 6, No. 2, February 2002.

Claessens S. , Djankov S. , Lang L. H. P. , "The Separation of Ownership and Control in East Asian Corporations", *Journal of Financial Economics*, Vol. 58, No. 1, January 2000.

Cole R. A. , Mehran H. , "The Effect of Changes in Ownership Structure on Performance: Evidence from the Thrift Industry", *Journal of Financial Economics*, Vol. 50, No. 3, March 1998.

Core J. E. , Guay W. R. , "Stock Option Plans for Non-executive Employees", *Journal of Financial Economics*, Vol. 61, No. 2, February 2001.

Cull R., Li W., Sun B., Xu L., "Government Connections and Financial Constraints: Evidence from a Large Representative Sample of Chinese Firms", *Journal of Corporate Finance*, Vol. 32, June 2015.

Degryse H., de Jong A., "Investment and Internal Finance: Asymmetric Information or Managerial Discretion?", *International Journal of Industrial Organization*, Vol. 24, No. 1, January 2006.

Dejong D. V., Liao K., Xie D., "Controlling Shareholder's Share Pledging and Accounting Manipulations", *Working Paper*, 2019.

Dou Y., Masulis R. W., Zein J., "Shareholder Wealth Consequences of Insider Pledging of Company Stock as Collateral for Personal Loans", *The Review of Financial Studies*, Vol. 32, No. 12, December 2019.

Faleye O., Mehrotra V., Morck R., "When Labor Has a Voice in Corporate Governance", *The Journal of Financial and Quantitative Analysis*, Vol. 41, No. 3, March 2006.

Fama E. F., "Market Efficiency, Long-term Returns, and Behavioral Finance", *Journal of Financial Economics*, Vol. 49, No. 2, February 1998.

Fama E. F., French K. R., "A Five-factor Asset Pricing Model", *Journal of Financial Economics*, Vol. 116, No. 1, January 2015.

Fang H., Nofsinger J. R., Quan J., "The Effects of Employee Stock Option Plans on Operating Performance in Chinese Firms", *Journal of Banking & Finance*, Vol. 54, May 2015.

Fauver L., Fuerst M. E., "Does Good Corporate Governance Include Employee Representation? Evidence from German Corporate Boards", *Journal of Financial Economics*, Vol. 82, No. 3, May 2006.

Fauver L., Hung M., Li X., "Board Reforms and Firm Value: Worldwide Evidence", *Journal of Financial Economics*, Vol. 125, No. 1, January 2017.

Fazzari S. M., Hubbard R. G., Peterson B. C., "Financing Constraints and Corporate Investment", *Brookings Paper on Economic Activity*, Vol. 1988, No. 1, January 1988.

Friedman E., Johnson S., Mitton T., "Propping and tunneling", *Journal of Comparative Economics*, Vol. 31, No. 4, April 2003.

Ginglinger E., Megginson W., Waxin T., "Employee Ownership, Board Representation, and Corporate Financial Policies", *Journal of Corporate Finance*, Vol. 17, No. 4, April 2011.

Glaser M., Schäfers P, Weber M., "Managerial Optimism and Corporate Investment: Is the CEO Alone Responsible for the Relation", *AFA 2008 New Orleans Meetings Paper*, 2008.

Gordon L. A., Pound J., "ESOPs and corporate control", *Journal of Financial Economics*, Vol. 27, No. 2, February 1990.

Grossman S. J., Hart O. D., "The Costs and Benefits of Ownership: A Theory of Vertical and Lateral Integration", *The Journal of Political Economy*, Vol. 94, No. 4, April 1986.

Hadlock C. J., Pierce J. R., "New Evidence on Measuring Financial Constraints: Moving Beyond the KZ Index", *Review of Financial Studies*, Vol. 23, No. 5, May 2010.

Hales J., Wang L. W., Williamson M. G., "Selection Benefits of Stock – Based Compensation for the Rank – and – File", *The Accounting Review*, Vol. 90, No. 4, April 2015.

Harbaugh R., "The Effect of Employee Stock Ownership on Wage and Employment Bargaining", *Journal of Comparative Economics*, Vol. 33, No. 3, March 2005.

Hart O., Moore J., "Property Rights and the Nature of the Firm", *Journal of Political Economy*, Vol. 98, No. 6, June 1990.

Hochberg Y. V., Lindsey L., "Incentives, Targeting, and Firm Performance: An Analysis of Non-executive Stock Options", *Review of Financial Studies*, Vol. 23, No. 11, November 2010.

Huang Z., Xue Q., "Re-examination of the Effect of Ownership Structure on Financial Reporting: Evidence from Share Pledges in China", *China Journal of Accounting Research*, Vol. 9, No. 2, February 2016.

Hutton A. P., Marcus A. J., Tehranian H., "Opaque Financial Reports, R^2, and Crash Risk", *Journal of Financial Economics*, Vol. 94, No. 1, February 2009.

Ittner C. D., Lambert R. A., Larcker D. F., "The Structure and Performance Consequences of Equity Grants to Employees of New Economy Firms", *Journal of Accounting and Economics*, Vol. 34, No. 1, January 2003.

Jensen M. C., "Agency Costs of Free Cash Flow, Corporate Finance, and Takeovers", *The American Economic Review*, Vol. 76, No. 2, February 1986.

Jensen M. C., Meckling W. H., "Theory of the Firm: Managerial Behavior, Agency Costs and Ownership Structure", *Journal of Financial Economics*, Vol. 3, No. 4, April 1976.

Jian M., Wong T. J., "Propping Through Related Party Transactions", *Review of Accounting Studies*, Vol. 15, No. 1, January 2010.

Jiang G., Lee C. M. C., Yue H., "Tunneling Through Intercorporate Loans: The China Experience", *Journal of Financial Economics*,

Vol. 98, No. 1, January 2010.

Johnson S, La Porta R., Lopez – De – Silanes F, Shleifer A, "Tunneling", *American Economic Review*, Vol. 90, No. 2, May 2000.

Jones D. C., Kato T., "Employee Stock Ownership Plans and Productivity in Japanese Manufacturing Firms", *British Journal of Industrial Relations*, Vol. 31, No. 3, March 1993.

Jones D. C., Kato T., "The Productivity Effects of Employee Stock – Ownership Plans and Bonuses: Evidence from Japanese Panel Data", *The American Economic Review*, Vol. 85, No. 3, March 1995.

Jones J. J., "Earnings Management During Import Relief Investigations", *Journal of Accounting Research*, Vol. 29, No. 2, February 1991.

Kalmi P., Pendleton A., Poutsma E., "Financial Participation and Performance in Europe", *Human Resource Management Journal*, Vol. 15, No. 4, April 2005.

Ke B., Huddart S., Petroni K., "What Insiders Know About Future Earnings and How They Use It: Evidence from Insider trades", *Journal of Accounting and Economics*, Vol. 35, No. 3, March 2003.

Kim E. H., Ouimet P., "Broad – based Employee Stock Ownership: Motives and Outcomes", *The Journal of Finance*, Vol. 69, No. 3, May 2014.

Kim J., Li Y., Zhang L., "Corporate Tax Avoidance and Stock Price Crash risk: Firm – level Analysis", *Journal of Financial Economics*, Vol. 100, No. 3, July 2011.

Kim J., Zhang L., "Accounting Conservatism and Stock Price Crash Risk: Firm – level Evidence", *Contemporary Accounting Research*, Vol. 33, No. 1, January 2016.

Klein K. J. , "Employee Stock Ownership and Employee Attitudes: A Test of Three Models", *Journal of Applied Psychology Monograph*, Vol. 72, No. 2, February 1987.

Klein K. J. , Hall R. J. , "Correlates of Employee Satisfaction with Stock Ownership: Who Likes an ESOP Most?", *Journal of Applied Psychology*, Vol. 73, No. 4, April 1988.

Kumbhakar S. C. , Dunbar A. E. , "The Elusive ESOP – Productivity Link: Evidence from US Firm – Level Data", *Journal of Public Economics*, Vol. 22, No. 2, February 1993.

Kyriacou K. , Luintel K. B. , Mase B. , "Private Information in Executive Stock Option Trades: Evidence of Insider Trading in the UK", *Economica*, Vol. 77, No. 308, October 2010.

La Porta R. , Lopez – De – Silanes F. , Shleifer A. , "Corporate Ownership around the World", *The Journal of Finance*, Vol. 54, No. 2, March 1999.

La Porta R. , Lopez – De – Silanes F, Shleifer A. , Vishny R. , "Law and Finance", *Journal of Political Economy*, Vol. 106, No. 6, June 1998.

Lee T. , Yeh Y. , "Corporate Governance and Financial Distress: Evidence from Taiwan", *Corporate Governance: An International Review*, Vol. 12, No. 3, March 2004.

Levinsohn J. , Petrin A. , "Estimating Production Functions Using Inputs to Control for Unobservables", *The Review of Economic Studies*, Vol. 70, No. 2, February 2003.

Li K. , Qiu B. , Shen R. , "Organization Capital and Mergers and Acquisitions", *Journal of Financial and Quantitative Analysis*, Vol. 53, No. 4, April 2018.

Li M., Liu C., Scott T., "Share Pledges and Firm Value", *Pacific - Basin Finance Journal*, Vol. 55, No. 4, April 2019.

Luong H., Moshirian F., Nguyen L., Tian X., Zhang B., "How Do Foreign Institutional Investors Enhance Firm Innovation?", *Journal of Financial and Quantitative Analysis*, Vol. 52, No. 4, August 2017.

Malmendier U., Tate G., "CEO Overconfidence and Corporate Investment", *The Journal of Finance*, Vol. 60, No. 6, December 2017.

Meng Q., Ni X., Zhang J., "Share Pledging and Corporate Risk - Taking: Insights from the Chinese Stock Market", Working Paper, 2019.

Meng R, Ning X., Zhou X., Zhu H., "Do ESOPs Enhance Firm Performance? Evidence from China's Reform Experiment", *Journal of Banking & Finance*, Vol. 35, No. 6, June 2011.

Mollisi V., Rovigatti G., "Theory and Practice of TFP Estimation: the Control Function Approach Using Stata", *CEIS Research Paper*, Vol. 15, No. 2, February 2017.

Myers S. C., Majluf N. S., "Corporate Financing Decisions When Firms Have Information Investors Do not Have", *Journal of Financial Economics*, Vol. 13, No. 2, February 1984.

Noe C. F., "Voluntary disclosures and insider transactions", *Journal of Accounting and Economics*, Vol. 27, No. 3, March 1999.

Oehmichen J., Wolff M., Zschoche U., "Employee Participation in Employee Stock Ownership Plans: Cross - level Interaction Effects of Institutions and Workgroup Behavior", *Human Resource Management*, Vol. 57, No. 5, May 2018.

Ofek E., Yermack D., "Taking Stock: Equity - Based Compensation and the Evolution of Managerial Ownership", *The Journal of Finance*,

Vol. 55, No. 3, March 2000.

Ouyang C., Xiong J., Fan L., "Do insiders Share Pledging Affect Executive Pay – for – Performance Sensitivity?", *International Review of Economics & Finance*, Vol. 63, September 2019.

Oyer P., "Why Do Firms Use Incentives That Have No Incentive Effects?", *The Journal of Finance*, Vol. 59, No. 4 April 2004.

Oyer P., Schaefer S., "Why Do Some Firms Give Stock Options to All Employees?: An Empirical Examination of Alternative Theories", *Journal of Financial Economics*, Vol. 76, No. 1, January 2005.

Park S., Song M. H., "Employee Stock Ownership Plans, Firm Performance, and Monitoring by outside Blockholders", *Financial Management*, Vol. 24, No. 4, April 1995.

Pawlina G., Renneboog L., "Is Investment – Cash Flow Sensitivity Caused by Agency Costs or Asymmetric Information Evidence from the UK", *European Financial Management*, Vol. 11, No. 4, April 2005.

Pendleton A., "Employee Participation in Employee Share Ownership: An Evaluation of the Factors Associated with Participation and Contributions in Save As You Earn Plans", *British Journal of Management*, Vol. 21, April 2010a.

Pendleton A., "Employee Share Ownership and Investment Concentration: Which Employee Shareholders Fail to Diversify?", *Human Resource Management Journal*, Vol. 20, No. 2, February 2010b.

Pendleton A., Robinson A., "Employee Stock Ownership, Involvement, and Productivity: An interaction – based Approach", *Industrial and Labor Relations Review*, Vol. 64, No. 1, January 2010.

Piotroski J. D., Roulstone D. T., "Do Insider Trades Reflect Both Contrarian Beliefs and Superior Knowledge About Future Cash Flow Realizations?", *Journal of Accounting and Economics*, Vol. 39, No. 1, January 2005.

Rajan R. G., Zingales L., "Power in a Theory of the Firm", *The Quarterly Journal of Economics*, Vol. 113, No. 2, February 1998.

Richardson S., "Over-investment of Free Cash Flow", *Review of Accounting Studies*, Vol. 11, No. 2, February 2006.

Roll R., "The Hubris Hypothesis of Corporate Takeovers", *The Journal of Business*, Vol. 59, No. 2, February 1986.

Rosenbaum P. R., Rubin D. B., "The Central Role of the Propensity Score in Observational Studies for Causal Effects", *Biometrika*, Vol. 70, No. 1, January 1983.

Rousseau D. M., Shperling Z., "Pieces of the Action: Ownership and the Changing Employment Relationship", *The Academy of Management Review*, Vol. 28, No. 4, April 2003.

Sengupta S., Whitfield K., Mcnabb B., "Employee Share Ownership and Performance: Golden Path or Golden Handcuffs?", *International Journal of Human Resource Management*, Vol. 18, No. 8, August 2007.

Seru A., "Firm Boundaries Matter: Evidence from Conglomerates and R&D activity", *Journal of Financial Economics*, Vol. 111, No. 2, April 2014.

Sesil J. C., Kroumova M. K., Blasi J. R., Kruse D. L., "Broad-based Employee Stock Options in US New Economy Firms", *British Journal of Industrial Relations*, Vol. 40, No. 2, June 2002.

Sesil J. C., Lin Y. P., "The Impact of Employee Stock Option Adoption and Incidence on Productivity: Evidence from U. S. Panel Data", *Industrial Relations*, Vol. 50, No. 3, July 2011.

Shleifer A., Vishny R. W., "Large Shareholders and Corporate Control", *Journal of Political Economy*, Vol. 94, No. 3, July 1986.

Stein J. C., "Agency, Information and Corporate Investment", *Handbook of the Economics of Finance*, Vol. 2003, No. 1, June 2003.

Stulz R., "Managerial Control of Voting Rights: Financing Policies, and the Market for Corporate Control", *Journal of Financial Economics*, Vol. 20, No. 1, April 1988.

Wang Y., Chou R. K., "The Impact of Share Pledging Regulations on Stock Trading and Firm Valuation", *Journal of Banking & Finance*, Vol. 89, April 2018.

Zhang M., Gao S., Guan X., Jiang F., "Controlling Shareholder – Manager Collusion and Tunneling: Evidence from China", *Corporate Governance: An International Review*, Vol. 22, No. 6, June 2014.

Zhou W., "Political Connections and Entrepreneurial Investment: Evidence from China's Transition Economy", *Journal of Business Venturing*, Vol. 28, No. 2, April 2013.

Zingales L., "In Search of New Foundations", *The Journal of Finance*, Vol. 55, No. 4, August 2000.

后　记

行文至此，本书即将完稿，心中难免激动。在本书撰写过程中，那些熬通宵处理数据的日子还是很艰辛的；但是看到最终成型的稿件，心中又倍感欣慰。本书能够完成，除了我自己的辛苦付出，离不开他人的帮助。在此，我深表谢意！

首先，对我师兄公衍磊的帮助表示感谢。在本书的撰写过程中，他给予了我悉心的指导和中肯的建议。同时，也对出版社和编辑老师致以诚挚的谢意！

其次，对于成都大学文明互鉴与"一带一路"研究中心在本书出版过程中给予过的支持同样表示感谢。

最后，我还要感谢我的父母，你们细致的关怀是我前行的动力。为了撰写本书，2021年的春节我仅在家待了两天，对你们表示十分的歉意！

成都大学文明互鉴与"一带一路"研究中心学术丛书

书目(第一辑共七卷)

一、《天府文化概论》 杨玉华 等著

二、《唐诗疑难详解》 张起 张天健 著

三、《阿恩海姆早期美学思想研究》 李天鹏 著

四、《雪山下的公园城市——大邑历史文化研究》 杨玉华 主编

五、《中国广播电视国际传播能力建设研究》 车南林 著

六、《龙泉驿古驿道历史文化研究》 杨玉华 主编

七、《日据时期韩国汉语会话书词类研究》 张程 著

成都大学文明互鉴与"一带一路"研究中心学术丛书

书目(第二辑共七卷)

一、《天府女性文化研究》 杨玉华 罗子欣 著

二、《解放区戏剧:地理结构与创作特征》 袁联波 著

三、《新都历史文化及承传发展研究》 杨玉华 唐婷 罗子欣 著

四、《镜中:美国时代的暹罗文学与政治》 [美]本尼迪克特·安德森 著,杜洁 王利华 龙波宇 译

五、《汉月法藏与明清临济宗三峰派研究》 翁士洋 著

六、《羌族传统音乐保护传承研究》 范雨涛 著

七、《员工持股计划实施动机及后果研究》 郭范勇 著